KB081555

나의 주식투자생존기

나의 주식투자생존기

초판 1쇄 발행 2019년 3월 11일

지은이 김근형 / **펴낸이** 배충현 / **펴낸곳** 갈라북스 / **출판등록** 2011년 9월 19일(제2015-000098호) / 경기도 고양시 덕양구 중앙로 542, 903호(행신동) / **전화** (031)970-9102 **팩스** (031)970-9103 / **홈페이지** www.galabooks.net / **페이스북** www.facebook.com/bookgala / **전자우편** galabooks@naver.com / ISBN 979-11-86518-32-8 (03320)

이 도서의 국립중앙도서관 출판예정도서목록(CIP)은 서지정보유통지원시스템 홈페이지(http://seoji.nl.go.kr)와 국가자료종합목록시스템(http://www.nl.go.kr/kolisnet)에서 이용하실 수 있습니다. (CIP제어번호 : CIP2019004173)

나의 주식투자 생존기

누군가에겐 징검다리가,
누군가에겐 동병상련이…

2010년에 유학은 아니고, 그렇다고 어학연수도 아닌 단순 체류 목적으로 뉴질랜드에 간 적이 있다. 호기롭게 무작정 뉴질랜드에 날아간 것 까지는 좋았는데, 문제는 체류한지 한 달도 안 돼 지독한 향수병에 걸렸다는 거다.

그렇게 극도의 외로움을 타던 중에 당시 자주 가던 주식 카페에서 깜짝 이벤트를 한다는 공지를 보게 됐다. 내용은, 그동안 주식투자를 하면서 겪었던 이야기를 써서 올리면 가장 많은 추천수를 받은 글을 뽑아 닌텐도 DS 게임기를 준다는 거였다.

'닌텐도…!' 저 녀석이라도 있으면 그나마 덜 외롭겠다는 생각에 잠도 안자고 밤새도록 글을 써서 올렸고, 간절함이 통했는지 내 글은 회원들의 많은 추천을 받으며 1등으로 직행했다.

이제 며칠만 지나면 닌텐도는 내 것이라는 생각에 마음이 설레여, 어서 빨리 이벤트가 종료되기만을 간절히 바랐다.

그런데, 이게 웬걸… 이벤트 종료 전날부터 갑자기 다른 사람이 쓴 글의 추천수가 빠르게 올라가더니만, 결국 막판에 내 글이 역전을 당하며 닌텐도는 다른 사람의 차지가 돼 버렸다.

허무하게 닌텐도를 떠나 보내면서도 그때 썼던 원고는 왠지 아까워 차마 버리지 못했고, 문서 파일로 만들어 USB에서 클라우드로 저장 매체를 바꿔가며 그렇게 햇수로 8년을 지녀왔다.

'책은 징검다리를 먼저 건너간 사람이 남겨 놓은 흔적 같은 것이다'라는 말을 어디선가 들은 적이 있다.

이 말을 내 멋대로 해석 하자면, 저자가 겪었던 경험들을 독자가 책을 통해 간접적으로 경험하게 됨으로써 현실에서 실패를 최대한 줄일 수 있게 된다는 말인 것 같다.

나는 소위 주식으로 '대박'을 낸 사람이 결코 아니다. 대박은 커녕, 오히려 지난 10년이 넘는 기간 동안 숱한 실패로 인해 인생에서 가장 화려했어야 할 20대의 대부분을 눈물로 인고의 세월을 보내야 했다.

그러나 나의 미천한 주식투자 경험 또한 어쩌면 이제 막 주식에 입문하는 사람들에게는 작은 징검다리가, 또 지금 주식 때문에 힘들어 하고 있을 그 누군가에게는 동병상련의 마음으로 위로가 되어 줄 수도 있지 않을까 하는 생각이 어느 날 문득 들었다.

그리고 10여년이 지난 지금 뉴질랜드에서 썼던 원고를 기반으로 다시 지난 기억들을 더듬으며 하나 하나 살을 붙여나가기 시작했다.

차 례

part 1 나의 주식투자생존기

part 2 나의 주식투자 방법

나의 주식투자생존기

중학교 2학년 여름방학 때, 친구 성원이와 처음으로 아르바이트라는 것을 해 봤다. 그때는 '알바천국' 같은 사이트가 없던 시절이라 가게마다 일일이 돌아다니며 아르바이트를 구해야 했다.

수십 군데의 가게에서 거절을 당한 끝에 우리는 겨우 동대문구 회기동에 있는 '현대자동차' 대리점에서 전단지 아르바이트를 하게 됐다. 장당 10원이라는 말도 안 되는 조건이었지만, 돈을 번다는 생각에 신이 난 우리는 동네 구석 구석을 다니며 정말 열심히 전단지를 돌렸다. 우리의 노력에 대한 성과는 아르바이트를 시작한 지 일주일 만에 나왔다. 우리가 전단지를 돌렸던 경동시장에서 한 상인이 '스타렉스'를 구입한 것이다.

비록, 그 대가로 우리가 받은 건 주급 2만 원과 집에 가면서 먹으라고 준 '소보루 빵'이 전부였지만, 그래도 태어나 처음으로 직접 돈을 벌었다는 사실 하나만으로도 우리는 희열까지 느끼며 만족했다.

중학교 3학년 때는 '철권짱'이라는 게임 홈페이지를 만들어 돈을 벌었다. 90년 대 말 당시에는 인터넷 광고에 대한 개념과 규정이 모호했던 터라, 홈페이지 곳곳에 배너 광고를 붙여 '부정 클릭'을 유도하는 방식으로 한 달에 10만 원 정도를 벌었다. 지금도 그렇지만, 당시의 10만 원은 중학생에게는 정말 엄청나게 큰 돈이었다.

대학생이 된 이후로는 돈 벌기 스펙트럼이 점점 넓어졌다. 남대문에서 목걸이를 떼와 옥션과 G마켓 등에서 팔거나, 인터넷에서 중고 기타를 싸게 산 다음 잠깐 쓰다가 다른 사람에게 비싸게 되파는 차익거래 방식으로 돈을 벌었다.

이렇듯, 나는 어려서부터 돈을 참 좋아했다. 돈 자체보다 돈 버는 행위가 더 좋았던 것 같기도 하다. 그래서 그런 내가 주식투자를 하게 된 것은 어쩌면 너무나 당연한 수순이었는지도 모르겠다.

물론, 그로 인해 엄청난 고통이 수반될 거라는 건 전혀 몰랐지만 말이다.

주식을 알게 되다

2005년 10월. 당시에 나는 종로구 안국동에 있는 정독 도서관에 매일 출퇴근하며 '국제무역사' 자격증 공부를 하고 있었다. 그해 6월 '무역영어 1급' 시험에 가까스로 합격한 것에 탄력을 받아 내친 김에 국제무역사 자격증까지 딸 요량이었다. 무역영어 1급을 비교적 손쉽게 취득해서인지 국제무역사도 만만히 생각했는데, 이게 막상 공부해보니 의외로 난이도가 있었다. 그래서 그냥 내년에 딸까 하다가 이미 책도 산데다, 또 공부한다고 여기 저기 주변에 다 떠들어 놓은 상태라 쉽사리 그만 둘 수도 없었다.

시험이 한 달 밖에 남지 않았지만 지난 몇 달을 계속 도서관, 집으로만 오가는 단순한 생활을 반복하다 보니 심신은 이미 지칠대로 지쳐 이제는 될 대로 되라는, 사실상 반 포기 상태었다.

　그날도 도서관에 도착하자마자 열람실에 가방만 던져놓고 나와 200원짜리 자판기 커피를 들고 2층의 '인문, 자연 과학실'로 향했다. 책을 읽고 싶어라기보다는 도서관 내에서 여기 말고는 딱히 갈 곳도 없었거니와, 서가에 꽂힌 수 많은 책에서 나는 특유의 구릿한 향내를 맡으며 커피를 마시는 것이 좋았다.

　그렇게 커피를 홀짝 거리며 서가 이곳 저곳을 배회 하다가 우연히 경제·경영 코너에서 우스꽝스러운 제목의 책 하나를 발견했다.

　'공부만 하는 바보, 공부도 하는 부자'

　두께도 얇고, 대충 훑어보니 내용도 어렵지 않아서 그대로 바닥에 앉아 읽기 시작했다.

　어떤 대학생이 쓴 책으로, 어려서부터 부자를 꿈꿨던 저자가 주식투자로 10억 원 대의 '젊은 부자'가 되었다는 내용이었다. 주식투자를 시작하게 된 과정부터 부자가 되고나서 전업 투자자로서의 삶까지, 비교적 읽기 쉽게 서술되어 있었다.

　주식의 주자도 모르던 때였지만, 주식은 패가망신의 지름길이라는 이야기를 어려서부터 간접적으로 들어와서인지 나도 모르게 내 안에는 주식에 대한 부정적인 인식이 있었다. 그러나, 40~50대의 어른도 아닌 내 또래가, 그것도 주식투자로만 10억 원이 넘는 돈을 벌었다는 이야기는 정말 머리가 '띵' 할 정도로 신선한 충격으로 다가왔다.

1시간 만에 책을 완독하고 공부를 하기 위해 다시 열람실로 향했다. 자리에 앉아 국제무역사 교재를 펼쳤지만 단 한 글자도 눈에 들어오지 않고, 계속 아까 봤던 책 내용만 생각났다. 그러다가 문득 '내가 왜 이 공부를 하고 있나' 하는 생각이 들었다.

당시에는 딱히 하고 싶은 일도, 되고 싶은 것도 없었다. 나이는 점점 먹어가는데 아무것도 안하고 놀고만 있자니 괜히 마음이 불안해져 뭐라도 해야겠다는 생각에 시작하게 된 것이 무역 자격증 공부였다. 무역 회사를 목표로 자격증을 취득하면 나중에 취직 할 때 조금이라도 도움이 되지 않을까 싶었다. 그렇다고 꼭 무역회사에 들어가고 싶었던 것도 아니었다. 비록 영어를 잘하는 건 아니었지만, 어쨌든 학교에서 영어를 전공했고, 어떻게든 영어와 관련된 직업을 찾던 중에 우연히 무역에 관심이 생겼을 뿐이었다.

물론, 자격증을 딴다고 해도 내 학벌에 대기업이나 공기업 같은 곳은 언감생심일 뿐, 내가 그런 곳에 취직할 거라는 생각은 추호도 해 본 적이 없었다. 그저 자격증을 따고 나면 적당히 내 수준에 맞는 작은 무역회사에 취직 할 생각이었다. 그렇게 취직하면 무역 회사 특성상 매일 야근에 박봉에, 예상컨대 살면서 로또 1등에 당첨되지 않는 이상 대한민국 평균 이하의 소득을 벌면서 살아가게 될 것이 안 봐도 뻔했다.

그러나, 그러한 삶을 산다 해도 불만은 없을 것 같았다. 비단 나만 그렇게 사는 것도 아닐 뿐더러, 물질적으로 풍족하지 않아도 세상에는 얼마든지 행복하게 사는 사람들이 많았기 때문이다. 나 또한 그들처럼 작은 것에 만족하며 그냥 그렇게 살아가면 되는 거라 생각했었다.

하지만 그 책을 계기로 고등학생이 된 이후로 수 년 간 잠자고 있던 내 안에 부에 대한 욕망이 다시 눈을 뜨게 되면서, 이제는 그렇게 살고 싶지가 않았다. 마음 속으로 겨우 합리화시켜야만 나오는 행복이 아닌, 물질의 풍족함에서 오는 행복을 갖고 싶었다.

나도 그 '젊은 부자'처럼 되고 싶었다.

그날 저녁, 퇴근하고 돌아온 엄마를 붙잡고 다짜고짜 물었다.
"엄마, 주식투자는 어떻게 하는 거야?"

내 입에서 주식투자라는 단어가 나온 것이 너무나도 의외였는지, 엄마는 대답 대신 '얘 뭐래는 거야' 하는 표정을 지었다. 엄마에게 오늘 도서관에서 봤던 책 내용을 이야기하며, 나도 그 사람처럼 주식투자로 부자가 되고 싶다고 했다.

"주식투자 그거 위험한데… 잠깐, 너 공부는 안 하고 그런 책이나 보는 거야? 너 그러다 시험에서 떨어진다. 주식이고 뭐고, 일단 시험 공부나 해."

결국, 시험이 끝난 뒤에 다시 한 번 이야기 해보자는 것으로 엄마와의 대화는 끝이 났다.

2005년 11월. 국제무역사 시험을 봤다. 평균 61점으로 무역영어 1급 합격, 평균 62점에 이은 또 한 번의 턱걸이 합격이었다. 그러나 기쁜 마음도 뒤로 한 채 퇴근하고 돌아온 엄마를 붙잡고 다시 물었다.

"엄마, 주식투자는 어떻게 하는 거야?"

"너 정말 해 보려고? 주식투자, 그거 진짜 위험한거야."

"잠깐 해보고 위험하다 싶으면 바로 그만 둘게. 그래서 어떻게 하는 건데?"

나의 집요함에 엄마는 결국 체념한 듯 안방에서 카드 하나를 들고 나와서는 내 손에 쥐어줬다. 카드에는 '메리츠 증권 보안카드'라고 적혀 있었다.

"엄마 증권 계좌야. 여기에 주식 있으니까, 그거 팔아서 니가 한 번 굴려봐."

평소에 절약 정신이 정말 투철하면서도, 자식 교육에 있어서만큼은 절대 투자를 아끼지 않는 엄마였다. 당시에 엄마는 주식투자가 내 경제 관념을 깨우치는데 도움이 될 거라는 생각에 허락을 했던 것 같다. 물론 그러면서도 '저 놈 잠깐 저러다 말겠지' 했었을 거다.

저녁을 먹고 메리츠 증권 홈페이지에 접속해서 엄마가 알려준대로 'HTS 홈 트레이딩 시스템 프로그램'을 다운 받은 후, 아이디와 비밀번호, 공인인증서 비밀번호를 입력하고 HTS에 접속 했다. 접속하자 마자 차트와 수 많은 숫자들이 적힌 알 수 없는 창들이 여기 저기서 막 튀어 나오는데, 진짜 정신이 하나도 없었다.

족히 100개는 넘어 보이는 수 많은 메뉴들 중에서 겨우 '계좌 잔고'를 찾아 클릭해보니 계좌 안에는 '광동제약' 주식이 있었다. −10%에 −20만 원의 손실이 나고 있었고, 평가액은 200만 원 정도 됐다.

'주식 주문' 메뉴를 클릭하니 작은 주문창이 하나 떴다. 매수 버튼을 클릭했지만 아무런 반응이 없었다. 엄마에게 이거 왜 안 되냐고 물어보니 지금은 주식시장이 끝나서 주식을 살 수 없다고 했다. 무슨 말인지 몰라서 '네이버 지식인'을 찾아봤고, 그제서야 주식시장은 아침 9시부터 오후 3시까지만 열린다는 사실을 알게 됐다.(현재는 오후 3시 30분까지)

자려고 침대에 누웠지만, 어렸을 때 소풍 전 날 마냥 가슴이 설레여 잠이 오질 않았다.

'나도 곧 부자가 될 수 있겠지…' 부자가 된다는 상상만으로도 나도 모르게 베시시 웃음이 나왔다.

주식투자를 하다

　　　　　　오전 7시 반. 눈을 뜨자마자 컴퓨터로 달려갔다. 그리고 국민은행 인터넷뱅킹에 접속해서 은행 계좌에 있던 전 재산 50만 원을 엄마의 증권 계좌로 이체 시켰다. 주식시장은 9시에 연다고 하니, 그 전에 HTS 메뉴나 파악 해야겠다 싶어 네이버 지식인과 카페 등을 뒤져가며 '주식 공부'를 했다.

　오전 9시가 되자마자 모니터 안의 수 많은 창에 있는 숫자와 텍스트가 갓 잡은 생선 마냥 0.01초 간격으로 파닥파닥 거리며 바뀌어댔다.

　뭐야 이게… 너무 복잡하고 어지러워서 10분 동안 아무것도 못하고 어버버하며 모니터만 쳐다보다가 가까스로 정신을 차리고는, 아무 주식이나 한 번 사 보기로 하고 마우스에 손을 올렸다.

근데, 어떤 주식을 사야 되는 건지… 그렇게 마우스에서 손을 떼고 다시 한동안 모니터만 쳐다봤다.

일단, 광동제약 주식부터 팔아보기로 했다. 비록 20만 원의 손해가 나고 있었지만, 뭐 상관 없었다. 주문창을 띄운 다음 현재 주가를 입력하고 '전량 매도' 버튼을 클릭했다. '이렇게 하는게 맞나?' 하는 찰나,

'매도 주문이 완료 되었습니다'

스피커에서 흘러 나오는 여자 사람의 아리따운 음성에 소름이 돋았다. 내 인생의 첫 주식 거래였다. 그렇게, 계좌에는 광동제약을 판 돈 200만 원에 내 돈 50만 원까지 해서 총 250만 원의 현금이 생겼다.

광동제약을 매도 한 이후로도 한동안 어떤 종목을 사야 할지 몰라서 메뉴 이것 저것을 계속 클릭해 보다가 12시가 다 돼서야 겨우 2종목을 고를 수 있었다. '메리츠증권'과 '지코'라는 종목이었다. 메리츠증권은 지금 이용하고 있는 증권사라서, 지코는 '종합 시황' 메뉴에 있는 '오늘의 증권사 추천종목'에 있다는 것과 주가가 1,000원 대로 '꽤 싸다'는 것이 이유였다.

250만 원 중에서 메리츠증권을 120만 원 어치, 지코를 130만 원 어치 매수했다. 그때는 호가고 뭐고 아무것도 몰라서 그

냥 현재 주가에 맞춰서 대충 샀다.

매수를 하고 나서 두 종목이 계좌 안에 있는 것을 보니 괜히 뿌듯하면서도, 마치 내가 대단한 일이라도 한 것 마냥 스스로가 대견하기까지 했다.

국제무역사 시험이 끝나고 얼마 안 돼서 종로구 안국동, 한국일보 건물에 있는 '코리아타임즈'라는 영자 신문사에서 사무보조 아르바이트를 했다. 오후 2시부터 저녁 6시까지 4시간 근무에 월급은 40만 원이었다. 많은 돈은 아니었지만 서류 심부름과 우편물 정리, 신문을 1층에서 받아서 사무실까지 올려다주는 일 외에는 계속 책상에 앉아 있으면 되니 크게 불만은 없었다.

코리아타임즈에서 일하면서 '최관석'이라는 형을 알게 됐다. 관석이형은 연세대 경영학과에 재학 중인 휴학생으로, 고등학생 때 IMF로 인해 집안이 기울어지면서 겪었던 일들을 글로 써서 '둥지'라는 제목의 책까지 낸 독특한 이력을 가지고 있었다. 그땐 어린 나이에 책까지 쓴 관석이 형이 너무 멋있어 보여, 나도 언젠가 꼭 책을 써야겠다는 다짐을 했다.

관석이형은 앞으로 자신의 회사를 만들어서 훗날 대기업으로 키우는 게 꿈이라고 했다. 남들이 들으면 그저 허무맹랑한 소리로 들릴 수도 있겠지만, 당시에는 나도 부에 대한 욕망이 막 끓어 오르던 때여서인지 관석이형의 이야기를 거부감 없이 받아 들였고, 관석이형 또한 나이도 어린 놈이 벌써부터 주식 투자를 하는 나를 신기해 하며, 그렇게 서로 '결'이 비슷하다고 느꼈던 우리는 매일 사업과 돈이라는 주제로 이야기를 하면서 빠르게 친해졌다.

생에 첫 주식인 지코 주가가 매수하고 며칠이 지나면서부터 급격히 오르기 시작했다. 매일 5% 이상 오르더니만 하루는 주가가 15%나 오르면서 주가 옆에 '↑'라는 화살표가 붙었다. 상한가 표시였다. 그러나 당시에는 그게 상한가 표시라는 것도 몰랐거니와 왜 상한가를 갔는지도 당연히 몰랐다.

갑작스럽게 급등한 주가가 혹시나 다시 떨어질까 무서워 재빨리 지코 주식을 전량 매도해 버렸다. +35% 수익률에 40만 원의 수익이 났다.

이게 진짜 내 돈인가… 어안이 벙벙했다. 코리아타임즈에서 한 달 동안 일해야 벌 수 있는 돈을 일주일도 안 돼서 벌다니, 이래서 사람들이 주식투자를 하는구나 싶었다.

지코를 판 돈으로 전부터 갖고 싶었던 15만 원 짜리 은색의 메탈 시계를 샀다. 일주일 전까지만 해도 비싸서 입맛만 다졌

었는데, 이제는 전혀 비싸 보이지 않았다.

지코를 판 다음날 아침, 지코 주가를 확인해 보니 −6% 하락을 하고 있었다. 내가 팔자마자 급락을 하다니, 마치 내가 '주식의 신'이라도 된 듯한 기분이었다.

"형, 오늘 나이트 갈래요? 제가 쏠게요."

"오, 주식으로 돈 좀 벌었어?"

"네, 한 40만 원 정도요."

"정말? 와… 너 주식투자에 소질 있나 보다."

"에이, 아니에요."

말도 안 된다며 손사래를 쳤지만 속으로는 '네, 그런 것 같아요'라고 했다. 그날, 관석이 형과 내 기준에서는 돈을 물 쓰듯이 쓰며 밤새도록 놀았다. 하루에 그렇게 돈을 많이 써 본 적은 난생 처음이었다.

"너 오늘 너무 많이 쓰는 거 아냐?"

"괜찮아요. 주식으로 또 벌면 되죠."

주식투자만 하면 금방이라도 500만 원, 1,000만 원을 모을 수 있을 것 같았다. 그리고 몇 년 안에 그 '젊은 부자'처럼 억대 부자도 될 수 있을 거라 생각했다.

그때는 정말 그럴 줄 알았다.

상한가 따라잡기를 하다

　　늘 의미없이 하루를 보내던 그저 그런 내 인생이 주식투자를 하면서부터 많은 것이 달라졌다. 가장 큰 변화는 자신감이었다. 주식투자를 한다는 어줍잖은 우월감에 어딜 가든, 누굴 만나든지 간에 매사에는 항상 자신감이 넘쳤다. 생활에도 많은 변화가 생겨서 언제나 새벽 늦게까지 폐인처럼 컴퓨터만 하던 내가 12시 전에는 무조건 취침을 하게 됐고, 알람이 없으면 해가 중천에 뜰 때까지 퍼 자던 내가 아침 7시만 되면 기적처럼 눈을 뜨게 됐다. 또, 전에는 '코스피가 올랐느니' '경제가 어떻다느니' 하는 말에는 일절 관심도 없던 내가 TV나 인터넷에서 주식이나 경제와 관련된 이야기만 나오면 나도 모르게 집중하며 보게 됐다.

　　물론, 주식투자가 좋은 점만 있는 것은 아니었다. 내게 있어서 주식투자의 가장 큰 폐해는 주식 외 모든 것에 흥미를 잃게 된다는 것이었다. 심지어는 주식투자를 하게 되면서 친구들과 노는 것도 재미가 없어져, 어쩌다가 친구들을 만나 놀 때도 계속 주식 생각이 나면서 그냥 빨리 집에 가서 내일 매수할 종목을 찾고 싶었다.

컨디션도 그날의 주가 향방에·따라 결정됐다. 주가가 떨어져 기분이 안 좋다가도, 다시 주가가 오르면 금새 또 기분이 좋아졌다.

그때는 내가 생각해도 정말 무섭게 주식에 빠져 들었던 것 같다.

2016년 2월. 오전에 집에서 주식 투자를 하다가, 오후에 코리아타임즈 아르바이트 가는 생활이 여전히 계속됐다.

주로 증권사와 주식 카페 등의 추천 종목 위주로 주식을 사고 팔았는데 수익률이 영 신통치 않았다. 그래서 이제는 내가 종목을 발굴해봐야겠다 싶어 오후 6시에 아르바이트가 끝나면 집에 가지 않고 곧장 근처 정독 도서관에 가서 주식 공부를 했다. 그때까지만 해도 주식투자를 잘하려면 차트만 잘 보면 되는 줄 알고 기술적 분석에 대한 책만 열심히 찾아서 읽었는데, 처음에는 너무 어렵고 복잡해서 무슨 말인지 하나도 이해가 안 됐다. 그래도 꾹 참고 몇 번 반복해서 읽다보니 어느 순간 이해가 되면서 그때부터 조금씩 차트가 눈에 들어오기 시작했다.

처음에는 중·소형주 위주로 일봉 차트에서 5일선이 20일선 근처까지 올라 온 종목들을 관심종목으로 편입해 둔 다음, 5일선이 20일선을 뚫고 올라갈 때 매수를 하는, 일명 '골든 크로스' 매매를 하면서 당일에 사고파는 '데이트레딩'이 아닌 3일에서 일주일 정도 들고 가는 '스윙투자'를 했다. 투자 성공 시 보통 5% 정도 수익이 났는데, 아무래도 투자금이 200만 원 밖에 되지 않아서인지 기껏해야 5~10만 원 정도 버는 게 전부라 푼돈이라는 생각에 벌면 바로 써 버리는 게 습관이 되다보니 시간이 지나도 투자금이 도통 늘지를 않았다.

어떻게든 더 높은 수익을 내고자 '이격도'와 '스토캐스틱' 등의 보조지표 공부도 열심히 했지만, 솔직히 수익을 내는 데 별로 도움이 되진 않았다.

그러던 어느 날, 서점에 갔다가 섹시한 제목의 책을 하나 발견했다.

'나는 400만원으로 10억 벌었다.'

김동일이라는 사람이 쓴 책으로, 대학생 때부터 주식투자를 시작한 저자가 수많은 실패를 겪으면서 자기만의 투자법을 정립한 끝에 결국 큰 돈을 벌게 됐다는, 전형적인 투자 성공 이야기였다. 하지만 뻔한 스토리임에도 날 흥분 시킨 대목이 하나 있었다.

　바로, '상한가 따라잡기'였다.

1. 상한가로 오를 만 한 종목을 선별한 후, 상한가에 들어가기 직전에 매수한다.
2. 매수 후, 상한가에 들어가면 장 마감까지 상한가 유지 여부를 지켜보며 상한가 유지 시 홀딩, 깨졌을 시 매도한다.
3. 다음날에도 똑같이 상한가 유지 시 홀딩, 깨졌을 시 매도한다.

　일명 '상따'라고 불리우는 이 상한가 따라잡기는 잘 되면 대박, 잘못 되면 쪽박을 찰 수 있는, 전형적인 '하이 리스크, 하이 리턴'의 투자 기법이었다. 엄청난 리스크가 있음에도 이 상한가 따라잡기가 끌리는 것이, 전날 상한가에 매수한 종목이 만약 다음날 시초가부터 상한가를 치면 반나절도 안 돼서 무려 15%의 수익을 낼 수 있었기 때문이다. 거기에 재료가 좋아서 일주일5 거래일 내내 연상연속 상한가을 치면 수익률이 무려 100%나 됐다. (당시에 상한가는 15%.)

'그래, 티끌은 백날 모아봤자 티끌일 뿐이지.' 나 같은 개미가 주식투자로 돈을 벌 수 있는 방법은 이 상한가 따라잡기 밖에 없다는 생각이 들어서, 그깟 200만 원 없는 셈 치고 한 번 질러 보기로 했다. 물론, 내 돈은 아니었지만 말이다.

역시 초심자의 행운은 존재했다. 전날 상한가에 샀던 종목이 다음날, 그리고 그 다음날에도 상한가를 치면서 단 3일 만에 60만 원의 수익이 난 것이다. 이게 꿈인가 싶었다.

그 뒤로 몇 번의 시행착오가 있긴 했지만, 상한가 따라잡기를 한 지 한 달도 되지 않아서 계좌 평가액은 200만 원에서 320만원까지 불어났다. 돈을 번 것도 기뻤지만 그 보다는 엄청난 투자 기법을 알게 됐다는 사실이 훨씬 더 기뻤다.

진짜, 천하를 거머쥔 듯한 기분이었다.

그러나 역시 세상에 공짜는 없었다. 이 상한가 따라잡기를 한다는 것이 여간 힘든 게 아니었다. 다른 건 차치하더라도, 아침 9시부터 장이 끝나는 오후 3시까지 장중 내내 모니터에서 눈도 떼지 못하고 상한가가 유지 되는 지를 지켜봐야 하는 것이 정말 고역이었다. 그때는 지금처럼 스마트폰도 없어서 화장실 가는 사이에 혹여라도 상한가가 깨질까봐, 화장실 가는 횟수를 줄이기 위해 물을 마시는 것도 최대한 자제해야 했다.

거기에 물리적인 문제도 있었다. 오후 2시까지 아르바이트를 가야 해서 최소 1시 반 전에는 집에서 나와야 하기 때문이었다. 그래서 조금이라도 상한가 깨질 기미가 보이면 바로 매도를 하고 출근을 했는데, 사무실에 도착해 주가를 확인해 보면 매도 했던 종목은 어김없이 다시 상한가까지 올라 있어서 매번 나를 분통 터지게 만들었다.

초반에 상한가 따라잡기를 성공한 이후로는 계속 되는 실패에 손실이 점점 커지면서, 빨리 손실을 복구를 해야 한다는 생각에 마음이 급해져 이 종목, 저 종목 가리지 않고 마구 사고 팔다 보니 오히려 손실만 더 커졌다.

결국 320만 원 까지 불어났던 투자금은 다시 250만 원으로 줄어들게 됐다.

고시원에서 주식투자를 하다

엄마 입장에서는 나이도 어린 놈이 아침부터 밥도 안 먹고 주식투자에 매달려 있는 것이 못 마땅 했는지, 언제부턴가 조금씩 내게 눈치를 주기 시작했다. 아니, 어쩌면 엄마는 별 신경도 안 쓰는데 괜히 나 혼자 눈치를 봤는지도 모르겠다. 어쨌든, 집에서 주식투자를 하는 게 영 마음이 편치가 않았다.

2006년 4월. 마음 편히 주식투자를 하고 싶다는 생각에 종로 낙원상가 근처로 월세 15만 원 짜리 고시원 방을 하나 얻었다. 굳이 고시원을 종로 근처로 얻은 이유는 코리아타임즈 신문사와 걸어서 15분 거리였기 때문이다.

집에다가는 영어공부 하러 도서관에 간다고 거짓말을 하고 매일 오전 고시원으로 출근했다. 집에서 고시원까지 30분 정도 걸려서 장이 열리는 9시 전에 도착 하려면 최소 8시 반에는 집에서 나와야 했다. 지하철로 가는 게 더 가깝긴 했지만 '지옥철'을 한 번 경험한 이후로는 무조건 버스를 타고 다녔다.

버스로 20분을 달려서 종로 3가역에서 내린 다음 5분 정도 걸어가면 나오는 낙원상가 바로 옆에 있는 다 쓰러져가는 상가 건물 3층에 내가 얻은 고시원이 있었다. 2평도 안 되는 좁은 고시원 방 안에는 간신히 누울 수 있을 정도의 작은 침대와 책상, 그리고 작은 TV와 옷걸이가 전부였다. 건물 지하에는 술집에 2층에는 노래방, 거기에 방 값이 저렴해서인지 고시원 투숙객 대부분이 행색이 남루한 일용직 아저씨들이었던터라, 사실 조건으로만 따지면 최악의 고시원이었다. 그래도 거주가 아닌 '주식 사무실'로만 이용하기에는 크게 문제 될 건 없었다.

고시원에 도착하면 바로 노트북 켜고 전날 샀던 종목의 상한가 여부를 체크하고, 그날 상한가를 칠 만한 종목을 솎아낸 후 매수하여 상한가 안착 여부를 지켜봤다. 오전 내내 모니터에서 눈을 떼지 않다가 어느 순간 배가 고파서 고개를 돌려 시계를 보면 기가 막히게도 딱 12시였다. 고시원 건물 바로 옆에 1,500원 짜리 국밥집이 있길래 한 번 먹어 봤는데, 내가 그렇게 비위가 약한 편이 아님에도 국밥에서 나는 노린내 때문인지 어쨌든 입에 넣자마자 참기 힘들정도의 매스꺼움이 올라와 먹는 중간에 그냥 나와 버렸다. 그 뒤로는 그 트라우마 때문에 식당에 가기보다는 주로 편의점에서 라면이나 삼각김밥을 사 먹거나, 아니면 노점상 떡볶이를 포장해 와서 방에서 주식 호가창을 보며 점심을 때웠다.

점심을 먹고 나면 시간은 어느새 1시가 됐고, 그때부터 슬슬 출근 준비를 했다. 얼마 안 되는 돈이긴 해도 고시원 방값 때문이라도 고정적으로 월급이 나오는 아르바이트를 빼 먹을 수는 없었다.

2시까지 코리아타임즈에 도착해서 우편물 정리와 신문 정리를 하고 나면 시간은 어느새 3시가 됐다. 그리고 책상에 앉아 HTS를 실행하여 그날 거래했던 종목의 주가를 확인했다. 참신기한 것은, 언제나 고시원에서 상한가에 매수했던 종목은 상한가가 깨진 채 주가가 급락해 있고, 또 겁이 나서 매도했던 종목은 어느새 다시 상한가로 급등해 있다는 것이었다. 한 두 번이면 그러려니 하겠는데, 이게 항상 그랬다. 그래서 가끔은 영화 '트루먼 쇼' 마냥 누가 카메라로 나를 지켜 보면서 일부러 '엿 먹이고 있나' 하는 생각이 들기도 했다.

6시에 아르바이트가 끝나면 집이 아닌 고시원으로 퇴근했다. 방에 도착하면 다시 노트북을 켜고 그날 거래했던 종목을 복기하고서는 다음날 매수할 종목들을 정리한 후, 주식 커뮤니티 사이트나 카페에 올라온 글을 읽은 다음 간단하게 저녁을 사먹고 9시 뉴스를 보고 나서 집으로 갔다.

코리아타임즈 월급은 40만 원이었다. 처음에는 4시간 일하고 월급 40만 원이면 나쁘지 않다고 생각했지만 장 마감 전에 출근을 해야 하는 통에 자꾸 손실이 나거나 더 큰 수익을 볼수 있는 기회를 놓치게 되니 '얼마 되지도 않은 돈 벌자고 이아르바이트를 계속 해야' 하는 회의감이 들었고, 결국 며칠 고민 끝에 코리아타임즈를 그만두게 됐다. 고정적으로 나오는 월급이 좀 아쉽긴 했지만 이제는 시간의 구애없이 주식에만 집중 할 수 있으니 그깟 40만 원 정도는 하루 이틀이면 벌 수있을 거라고 생각했다.

그러나 시간이 남아 돌게 되니 매매가 잦아진 탓인지 손실은 오히려 전보다 더 늘어만 가는 데다, 모니터를 보는 시간도 늘어나면서 육체적으로나 정신적으로나 너무 힘이 들었다. 자꾸만 늘어가는 손실에 자존감마저 떨어지면서, 문득 어린 나이에 일해서 돈 벌 생각은 안 하고 이런 골방에 쳐 박혀

주식투자나 하고 있는 내 모습이 왠지 한심하게 느껴지기 시
작했다.

그러던 중에 운 좋게 상한가 따라잡기에 연거푸 성공을 하
며 200만 원 까지 줄어 들었던 투자금이 다시 250만 원까지 늘
어났고 이때다 싶어 증권 계좌에 있는 250만 원 전부를 은행
계좌로 옮기면서 그렇게 주식투자 휴식기에 들어가게 됐다.

인터넷 서점 사업을 하다

아르바이트도 안 하고 주식도 안 하고, 아무 걱정 없이 놀기만 하니 좋기는 한데, 이 짓거리도 2주 정도 하니 슬슬 좀이 쑤셨다.

하루는 집에 큰 외삼촌이 오셨다. 당시에 큰 외삼촌은 회사를 상대로 문구류를 납품하는 일을 하셨는데, 최근에 사업 확장을 위해 인터넷 쇼핑몰을 하나 만드셨다고 했다.

큰 외삼촌과 같이 저녁을 먹으며 인터넷 쇼핑몰을 만드는 과정부터 상세히 듣다 보니 나도 괜히 쇼핑몰을 한 번 운영해 보고 싶어졌다. 쇼핑몰을 만드는데 생각보다 돈이 별로 들지 않는 것이 마음에 들었고, 무엇보다 집에서도 할 수 있으니 주식투자와 병행 할 수도 있겠다는 생각이 들었다.

어떤 걸 팔아볼까 며칠 고민을 하다가 추리소설을 전문으로 파는 인터넷 서점을 해보기로 했다. 어려서부터 추리소설을 좋아하기도 했거니와, 인터넷을 뒤져보니 추리소설만 전문으로 파는 인터넷 서점은 없어서, 왠지 관련 사이트나 카페에서만 홍보해도 매니아들이 때로 몰려와 추리소설을 사 줄 것만 같았다.

지금 생각해도 그땐 내가 좀 제정신이 아니었던 것 같다.

사이트 이름은 '홈즈몰'이라고 정했다. 당연히 '셜록 홈즈'에서 따온 네이밍이었다. 유치하긴 했지만 단순한 게 최고라는 생각에 나름 만족했다. 인터넷으로 알게 된 어떤 웹디자이너에게 15만 원을 주고 쇼핑몰 디자인을 맡겼다. 직접 미팅을 하진 않고 '네이트온' 메신저로 내가 원하는 스타일의 디자인과 색상 등을 지정해주며 대충 이런 느낌으로 만들어 달라고 했더니, 정말 하루도 안 돼서 꽤나 만족할 만한 디자인을 뽑아냈다.

그렇게 단 이틀 만에 사이트가 완성 되자마자 보문동에 있는 성북구청에 가서 '통신 판매업자'로 사업자등록 신청을 했다. 사업자등록증이 나온 것을 보니 '내가 진짜 사업가가 됐구나'라는 생각에 감개무량 했다.

추리소설을 매입하기 위해 종로 5가에 있는 '대학천'이라고 불리우는 도매 서점가에 갔다. 수 많은 서점들 중에서 가장 커 보이는 곳에 들어가 사장님에게 미리 준비해 간 추리소설 리스트를 보여줬다. 국내에 출간된 추리소설만 해도 그 양이 어마어마 한 탓에 다 살 순 없어서 일단은 베스트, 스테디 셀러의 작품들만 사기로 했다. 소량인데다 책은 가격이 정해져 있어 일절 흥정 없이 정가에서 30% 할인된 가격으로 살 수 밖에 없었다. 소량이긴 해도 몇 십 권이나 되는 책을 들고 올 수는 없어서 집으로 배달을 시켰다.

책을 선매입 할 필요없이 사이트에는 일단 책 정보만 올리고 주문이 들어오면 그때마다 책을 구입을 해서 배송해 주면 되는 건데 그땐 내가 그렇게 무식한 놈이었다.

다음으로는 택배 박스를 사기 위해 '방산 시장'에 갔다. 그러나 생각보다 박스 가격이 비싸서 구입을 포기하고 집으로 와서 혹시나 하고 인터넷으로 박스를 찾아보니, 오히려 인터넷으로 구입하는 것이 종류도 다양하고 가격도 훨씬 저렴했다. 크기별로 3종류의 박스를 각각 50개씩, 총 박스 150개를 주문했고, 며칠 후에 엄청난 양의 책과 박스가 집에 도착했다.

책과 박스가 오는 족족 죄다 방에다가 쑤셔 넣었더니 방 안은 아주 난장판이 됐다.

당시 택배비가 가장 저렴하다는 로젠택배에 전화를 걸어 계약을 맺고 싶다고 하니 1시간도 안 돼서 집으로 택배 기사 아저씨가 찾아왔다. 아저씨는 한 달에 물량이 어느 정도 되냐고 물었고, 나는 조금의 망설임도 없이 하루에 50개 정도는 나갈 것 같다고 말했다. 너무 생각없이 뱉은 말이라 내가 말하면서도 깜짝 놀랐다. 50개라는 말에 아저씨는 흐뭇한 미소를 지으셨고, 그 정도 물량이면 개당 2,300원에 해주겠다며 '주소 스티커' 300장을 주고 가셨다.

쇼핑몰에 책 정보를 등록하는 노가다가 시작됐다. 처음에는 빨리 오픈하고 싶은 마음에 힘든 줄 모르고 작업을 했지만, 몇 시간 동안 쉬지도 않고 계속 책 표지 사진과 정보 올리는 것만 반복하다 보니 너무 힘들어 죽을 것 같았다. 그래서 그냥 돈 주고 아르바이트생 하나 고용할까 했지만, 한 푼이 아쉬운 상황이라 그럴 수도 없었다.

그렇게, 일주일 내내 밤새도록 올리고 또 올린 끝에 겨우 '인터넷 서점' 다운 면모를 갖추게 됐다.

2006년 5월. 드디어 국내 최초 인터넷 추리소설 전문 서점, 홈즈몰이 그랜드 오픈 했다. 사이트 디자인도 예쁘고, 왠지 금방이라도 대박이 날 것만 같았다.

홍보를 위해 처음에는 추리소설 사이트와 카페를 돌아다니며 게시판에만 홍보 글을 올리다가, 왠지 부족하다는 생각에 네이버와 다음의 정치, 경제, 연예 등 각종 뉴스 기사 댓글 창에 쇼핑몰 주소와 함께 '국내 최초 추리소설 인터넷 서점, 홈즈몰!' 이라는 문구로 도배를 하고 다녔다. 홈즈몰을 하기 전까지만 해도 대체 어떤 상스러운 인간들이 신성한 댓글창에 광고 질을 그렇게 하나 했었는데, 그 짓거리를 내가 하게 될 줄은 정말 몰랐다.

　도배도 적당히 했어야 했다. 1시간도 안 돼서 네이버와 다음에서 제재가 들어왔고, 거기에 굴복하지 않고 끝까지 도배질을 하다가 결국 아이디가 '스팸 광고' 명목으로 신고를 당하면서 이용 정지로 인해 더 이상 댓글 작성을 할 수 없게 됐다.

　'그래, 이것도 엄연한 사업인데. 이왕 하는 거 제대로 해보자'는 생각에 네이버 '키워드 광고'를 해보기로 했다. 그때는 클릭 시마다 금액이 차감되는 지금의 키워드 광고 방식과는 달리, 일정 기간 동안 키워드를 구입하는 방식이었다.

　'셜록홈즈'와 '명탐정코난' 키워드를 일주일 사용 하는데 각 10만 원, 15만 원을 냈다. 확실히 돈을 쓰니 방문자 수가 전 보다 눈에 띄게 늘었고, 늘어나는 방문자 수 만큼 주문도 늘어서 하루에 꾸준히 5~10개 정도의 주문이 들어왔다.

　2006년 당시에는 지금과 같은 도서 정가제가 없던 때라 '교보문고'나 '예스24'와 같은 대형 인터넷 서점들은 20% 이상의 할인된 가격에 1만 원 이상은 무조건 무료배송을 실시를 하고 있어서 홈즈몰에서도 더 내리진 못해도 최대한 비슷한 가격에 맞춰서 판매를 할 수 밖에 없었다. 문제는, 키워드 광고비가 생각보다 많이 나가는 와중에 가격까지 내려 버리니 사실상 노마진 상태가 돼 버려서, 결국 한 달도 버티지 못하고 키워드 광고를 중단 했더니 방문자수와 주문량이 다시 급감을 하면서 어떤 날은 1~2개, 또는 아예 주문이 없는 날도 있었다.

그래도 주문이 5개 정도 될 때는 곧잘 웃으며 농담도 하던 택배 기사 아저씨였다. 그러나 택배 갯수가 줄어 가면서 아저씨의 말수도 점점 줄어 들더니만, 나중에 택배가 1개까지 줄었을 땐 내게 눈길 한 번 안 주고 말 없이 택배만 받아갔다. 그 때부터 괜히 아저씨 눈치가 보여 직접 우체국에 가서 택배를 부쳤더니 배송비가 4,000원이나 하는 통에 팔면 팔수록 손실이 나는 상황이 됐다. 그래서 차라리 주문이 안 들어왔으면 했는데 광고도 안 하는 데 다들 또 어떻게 알고들 와서 그렇게 주문을 하는 건지, 나중에는 주문 알림 문자가 울릴 때마다 깜짝 깜짝 놀라면서 거의 노이로제에 걸릴 지경이 돼 버렸다.

깡통을 차다

정산을 해 보니 홈즈몰을 오픈 한 지 한 달 만에 대략 70만 원의 손실이 났다. 왠지 여기서 더 해 봤자 손실만 늘어날 것 같아서 이쯤에서 손절매를 해야겠다는 생각이 들었다. 주식에서는 그렇게 안 되던 손절매가 여기선 또 잘만 됐다. 어쨌든, 그 뒤로 홈즈몰은 사실상 운영 중단 상태가 됐고, 70만 원의 손실을 복구하고 싶다는 마음에 다시 주식 생각이 솔솔 났다. 다행히 통장에는 아직 100만 원 정도 남아 있었다.

투자에 앞서 지난 실패들을 복기해 보니, 나의 가장 큰 문제점은 수익이나 손실이 났을 시 제 때 매도를 하지 못한다는 거였다. 그래서 A4 용지에 '익절 15%, 손절 15%' 라고 크게 써서는 모니터 바로 위 벽에 붙여 놨다.

가지고 있던 전 재산 100만 원으로 다시 상한가 따라잡기를 했다. 다행히 손실이 나진 않았지만 그렇다고 딱히 수익도 나지 않았다. 돈도 못 버는데 괜히 하루 종일 모니터만 보느라 몸만 버리는 것 같아서 상한가 따라잡기는 때려치기로 하고 새로운 투자법을 찾기 위해 다시 도서관으로 갔다. 그리고 이 책, 저 책을 뒤지다가 어떤 책을 통해 '연 날리기' 기법 이라는 것을 알게 됐다.

고점을 찍고 하락 하던 주가가 하락을 멈추고 한 동안 긴 횡보를 하며 바닥을 다지다가 어느 순간 급등을 할 때가 있는데, 이때의 차트 모양이 흡사 연을 날리는 모습과 비슷하다고 하여 붙여진 이름이 연날리기 기법이었다.

수 십 종목의 차트를 뒤져 봤더니 정말로 개 중에는 연 날리기 기법과 비슷한 패턴의 차트가 더러 있었다. 이건 대박이다 싶어서 밤새도록 차트를 뒤지며 연이 날아가기 직전, 그러니까 고점에서 하락 후 긴 횡보를 하고 있는 종목들을 추리고 추려서 한 종목에 가지고 있던 100만 원으로 풀매수를 했다. 그리고 한 3일 정도 지났나? 횡보하던 주가가 느닷없이 며칠 동안 상승을 하면서 15%의 수익이 났다.

그 뒤로도 연 날리기 기법으로 몇 번 더 수익을 내면서 한 달 만에 투자금이 150만 원으로 불어났다.

2006년 6월. 연 날리기 기법에 한참 빠져 있던 중에 'VK'라는 종목이 눈에 들어왔다. VK는 휴대폰을 만드는 회사로, 친구 재익이가 '바' 모양의 특이하게 생긴 휴대폰을 산 것을 보고 VK라는 회사의 존재를 처음 알게 됐다.

VK는 당연히 삼성전자나 LG전자와는 비교 할 수 없을 정도로 작은 회사였지만, 그래도 디자인이 꽤나 예쁜 것이, 지금으로 치면 '샤오미'와 비슷한 느낌이었다. 솔직히 회사 자체에 대해서는 거의 아는 게 없었지만 얼리어답터인데다 전자제품에 있어서 만큼은 나름 전문가적인 식견을 갖고 있던 재익이가 사서인지 마냥 괜찮아 보였다.

주가도 고점에서 하락 후 긴 횡보를 하고 있는 것이 곧 연이 하늘 위로 상승 할 것만 같았다. 잘하면 20%는 먹고 나올 수 있겠다는 생각에 VK 주식을 100만 원 어치 매수했다.

VK 주식을 매수하고 일주일도 안 됐을 때였다. VK가 유상증자를 한다는 공시가 떴다.

유상증자는 주식수를 늘려서 투자금을 유치하는 것으로, 쉽게 말해 회사에 돈이 없어서 주식수를 늘려 그걸 주주들에게 돈 받고 파는, 기존 주주들 입장에서 보면 정말 '엿' 같은 자금 조달 방식이었다.

유상증자 발표 다음날, VK는 장 시작과 동시에 하한가로 떨어졌다. 눈 깜짝 할 사이에 주가가 15%나 떨어지니 손절이고 뭐고 없이, 그냥 머릿 속이 하얘지면서 아무 생각도 안 났다.

당일 하한가로 마감을 한 VK는 그 다음날에도 시초가부터 하한가로 떨어지면서 손실이 −30%가 넘어갔다.

난데 없는 하한가 두 방에 오전 내내 정신을 못 차리다가 오후 들어 하한가가 풀리는 것을 보고 나서야 겨우 정신을 차릴 수 있었다. 큰 손실이 나긴 했지만 냉정하게 생각해보니 지금은 오히려 주식을 싸게 살 수 있는 절호의 기회일 수도 있겠다 싶어서 계좌에 남은 50만 원 전부 추가 매수에 들어갔다.

그렇게 VK와 고군분투를 하고 있을 때, 하루는 재익이가 산지 얼마 되지도 않은 VK 휴대폰이 고장 났다며 VK서비스센터에 같이 가자고 했다. 서비스센터로 가는 내내 재익이는 VK에 대한 불만을 쏟아냈는데, 그때까지만 해도 나는 그저 재익이가 운 나쁘게 '뽑기'에 실패 한 것이라고 생각했다. VK 뿐만 아니라 삼성전자나 LG전자의 휴대폰에서도 가끔 불량품이 나오는 경우가 있었기 때문이다. 사실, 그렇게 믿고 싶었다.

서비스센터에서 수리를 받은 뒤에도 재익이의 휴대폰은 고쳐지지 않았고, 그 뒤로 2번을 더 서비스센터를 방문한 끝에 결국 환불 조치를 받게 됐다. 재익이는 다시는 VK 제품은 사지 않겠다며, 곧 망할 회사이니 내게도 빨리 주식을 팔라고 했다.

재익이의 우려와는 다르게 다행히 VK 주가는 하한가 2방 이후로 조금씩 상승을 하더니만 어느 날에는 별안간 상한가를 쳤다. 뉴스를 찾아봐도 별다른 이유는 없었다. 오후 들어 잠깐 상한가가 깨지긴 했지만, 다시 상한가로 오르며 그렇게 그 날의 장을 마감했다. 그리고 다음날에도 VK는 시초가부터 상한가에 진입하면서 드디어 내 계좌 수익률이 마이너스에서 플러스로 돌아섰다.

VK가 앞으로 몇 번 더 상한가를 칠 경우 얼마를 벌게 될지를 계산하며 간만에 즐겁게 점심을 먹었다. 하지만, 그 즐거움은 1시간을 채 가지 못했다. 12시가 지나자마자 갑자기 상한가가 풀리면서 주가가 순식간에 보합권까지 급락해 버렸기 때문이다.

짜증이 확 나면서 밥 맛도 뚝 떨어져 밥 먹다 말고 그대로 침대에 누워 버렸다. 그렇게 한 30분 정도 누워 있다가 다시 벌떡 일어나 곰곰히 생각을 하다가 '아차차 …'하며 손으로 이마를 '탁'하고 때렸다.

작전 세력이 주가를 급등 시키기 전에 개미들을 떨궈내려고 장난질을 친다고 하던데, 이게 그 말로만 듣던 '개미 떨궈내기' 구나 싶었다. 하마터면 나까지 속을 뻔 했다는 생각에 '휴~' 하며 안도의 한숨을 내 쉬었다.

작전세력의 장난질이 꽤 심한건지, VK 주가는 그 뒤로도 더 떨어져 결국 −10%로 장을 마감했다. 그리고 그 다음날에도 주가가 또 다시 폭락하면서 팍스넷 'VK게시판'은 아주 초상집이 됐다.

'쯧쯧, 이러니까 맨날 개미들만 당하지…' −30% 손실이 나고 있었지만 난 여전히 세력의 장난질이라 여기며 꿋꿋이 버텼다. 지금 이렇게 주가가 폭락하는 것도 세력에게 속은 멍청한 개미들이 물량을 던지고 있기 때문이라고 생각했다.

앞으로 조금만 더 버티면 개미들의 물량은 완전 소진될 것이고, 그러면 바로 세력들이 들어와 다시 상한가로 말아 올려줄 것이라 굳게 믿었다.

그런데 상한가는 고사하고, 갑자기 VK의 주식이 거래 정지가 됐다. 무슨 일인가 싶어서 뉴스를 찾아 봤더니만,

'VK, 35억 원 결제 못해 1차 부도'

순간, 정신이 멍했다. 뭐? 부도? 회사가 망한다고? 그럼 내 주식은…?

당췌 이게 무슨 일인지 몰라 답답한 마음에 팍스넷 VK 게시판에 가 봤다. 게시판에서는 '회사 자체가 워낙 부실해서 곧 망할것'이라는 쪽과 '서울대 총학생회 출신 사장이 그깟 35억 못 구해서 회사가 망하겠냐'는 쪽으로 편이 나뉘어서는 첨예하게 대립각을 세우고 있었다.

이 말이 맞는 것 같기도 하고, 저 말이 맞는 것 같기도 하고…, 게시판의 글을 읽을수록 머릿 속은 더 혼란 스럽기만 했다. 그 뒤로 거래가 정지된 며칠 동안 주식 걱정에 나는 매일 뜬 눈으로 밤을 지새워야 했다.

그렇게 사흘이 지나고 다행히도 1차 부도 위기를 넘긴 VK의 주식 거래가 재개됐다. 그러나 부도설의 여파 때문인지, 장이 시작되자마자 주가는 바로 하한가로 꼬꾸라졌다. 그 가격에라도 어떻게든 팔고 싶었지만, 하한가로 엄청나게 쌓인 물량에 주문을 걸어놔도 도무지 팔리지가 않았다.

그래도 거래가 재개된 것만 해도 기뻤는지, 오랜만에 잠만큼은 푹 잘 수 있었다.

다음날, 다행히 하한가는 면했지만 역시나 주가가 급락을 하며 손실이 드디어 −50%가 됐다. 말로만 듣던 반토막이었다. 이쯤 되니 이제 팔 생각은 아예 들지도 않았다.

'그래, 어차피 난 장기 투자할 생각이었으니까.' 오히려 잘 됐다 싶으면서, '이왕 이렇게 된 거 갈 때까지 한 번 가 보자'라는 패기도 들었다.

하지만 그 패기는 오래가지 못했다. 거래가 재개 된지 며칠 만에 다시 2차 부도설이 터졌기 때문이다.

2006년 7월 7일. 17억 8,000만 원의 어음을 막지 못한 VK는 결국 최종 부도처리 되고 말았다. 뉴스 기사에 따르면, 이제 VK는 곧 코스닥에서 상장폐지 절차를 밟게 될 것이고, 상장폐지 전 마지막으로 주식을 정리할 '정리 매매' 기간이 주어질 거라고 했다.

생각보다는 슬프지 않고 그냥 덤덤했다. 오히려 주머니에 있던 1만 원을 잃어 버렸다면 더 슬프지 않았을까 싶다.

며칠이 지나, VK는 일주일 간의 정리 매매 기간을 갖게 됐다. 거래 정지 직전 주가에서 −90% 정도 하락한 가격에서 거래를 재개한 VK는 첫날 60원으로 장을 마감했다. 다행히도 난 장중에 80원 대에 가지고 있던 VK 주식을 전량 매도한 덕분에 그나마 15만 원이라도 건질 수 있었다.

그렇게, 150만 원이 한 달 만에 15만 원이 됐다.

카지노 피시방에서 일하다

엄마가 **이따금씩** 주식투자는 잘하고 있냐고 물었고, 그때마다 난 당연한 걸 왜 묻냐며, 오히려 더 뻔뻔하게 거짓말을 했다. 내가 원래 과장은 좀 해도 진짜 거짓말은 안 하는 사람인데, 계속되는 거짓말에 마음이 괴로워서 어떻게든 엄마 돈 200만 원이라도 빨리 복구 시켜놔야 그나마 마음 편히 살겠다는 생각에 다시 아르바이트를 구하기로 했다.

시급 높은 아르바이트 위주로 찾다가 도곡동에 있는 성인 PC방 모집 공고를 보게 됐다. 성인 PC방이라길래 음란물 보는 곳인가 했는데, 알고보니 컴퓨터로 카드 게임을 하는 '카지노 PC방'이었다. 불법인 것 같아서 좀 찝찝하긴 했지만, 내가 찬밥 더운밥을 가릴 처지는 아니어서 당장 전화를 걸었고, 그날 면접을 보러 오라고 해서 바로 도곡동으로 날아갔다.

음침한 도박장을 상상하고 갔지만 의외로 깔끔한 것이, 겉으로 보기에는 보통의 PC방이랑 전혀 다를 게 없었다. 김부장이라는 아저씨한테 면접을 봤는데 내 절실함이 느껴졌는지, 집으로 돌아가는 지하철 안에서 내일부터 출근하라는 연락을 받을 수 있었다.

　월요일부터 금요일까지 주 5일에, 오후 12시부터 밤 9시까지 일하고 월급은 100만 원이었다. 일 할 때는 정장 바지와 셔츠를 입어야 했다. 주 업무는, 손님이 현금을 주면 그 금액만큼 카드에 '사이버 머니'를 적립해 주고 나중에 손님이 카드를 주면 사이버 머니를 다시 현금으로 환전해 주는 것과, 그 외에 손님이 음료수나 커피, 라면을 달라고 하면 주고 가끔씩 재떨이만 갈아주면 됐다.

　면접을 봤던 김부장 아저씨는 사실 '바지 사장'이었는데, 진짜 사장은 2~3일에 한 번 씩 가게 잘 돌아가냐고 전화만 할 뿐, 얼굴을 직접 본 적은 없었다. 김부장 아저씨는 나한테 일을 다 맡기고 하루 종일 카운터 뒤에 있는 쪽방에 들어가 있어서 하나부터 열까지 업장 내의 모든 일을 내가 다 도맡아 처리해야 했다. 바쁠 때 도와줄 생각은 안하고 방 안에만 처박혀 있는 김부장 아저씨가 원망스럽긴 했지만, 그래도 일이 편하고 에어컨도 빵빵하게 나오는데다 라면과 과자, 음료수 등을 마음껏 먹을 수 있어서 너무 좋았다. 거기에 은행에서만 보던 계수기로 '촤르륵' 하는 소리를 내며 백만 원 단위의 현금을 손님과 주거니 받거니 하다 보면 마치 내가 대단한 일이라도 하는 것 같아 괜히 흥분되고 설레었다.

일을 시작한지 2주가 조금 지났을 때였다. 하루는 저녁에 카운터에 앉아 있는데 흰색의 제복을 입은 남자 3명이 문을 열고 들어오더니 그 중에 한 명이 내게 신분증을 보여주며 나보고 이 가게 사장이냐고 물었다. '앤 또 뭐야'하고 신분증을 자세히 봤다. 경찰이었다. 최근에 경찰 제복이 파란색에서 흰색으로 바뀌었다는 걸 전혀 몰랐다

경찰의 갑작스러운 방문에 너무 놀라서 어떻게 해야 할지 몰라 우물쭈물하고 있는 사이에 쪽방에서 슬그머니 김부장 아저씨가 나왔다. 김부장 아저씨는 자기가 이 가게 사장이라며 경찰과 저쪽에서 한참을 이야기를 하다가 다시 내 쪽으로 와서는 아무래도 다같이 파출소에 가야 될 것 같다고 했다. 파출소 가야 된다는 소리에 살짝 놀라긴 했지만 그때까지만 해도 뭐 별 일 있겠냐 싶었다.

나와 김부장 아저씨, 그리고 가게 안에 있던 손님 3명은 2대의 경찰차에 나눠 타고 근처에 있는 파출소로 끌려 갔다. 차안에서 김부장 아저씨가 내게 귓속말로 모든 일은 자기가 한 것이니 나는 그냥 음료수 심부름만 했다고 말하라고 했다. 감동적이긴 했지만 처음부터 그럴 생각이었던 나는 파출소에 도착해서는 모든 일은 이 아저씨가 한 거라며 난 아무것도 모른다고, 최대한 억울한 표정을 지으며 말했다. 막상 내가 너무 열정적으로 자기 방어를 하는 것에 김부장 아저씨는 좀 섭섭했는지, 그 뒤로는 나한테 말 한마디 걸지 않았다.

　　파출소에 온 지 1시간 정도 지나자 PC방 안에 있던 손님들이 한 명씩 풀려나는 것을 보고는 이제 나도 집에 가겠구나 싶었다. 그런데 경찰 한 명이 나와 김부장 아저씨한테 오더니 '당신들은 변호사를 선임 할 수 있고 또 묵비권을 행사 할 수 있다'며 '현재의 진술은 법정에서 불리하게 작용 할 수 있다'고 했다. '미란다의 원칙'이었다.

　　장황하게 미란다의 원칙을 늘어놓은 경찰은 김부장 아저씨와 나를 다시 경찰차에 태우더니 이번에는 수서 경찰서로 끌고 갔다. 이때부터 뭔가 잘못 됐다는 생각이 들기 시작했다.

　　고1때 동네 오락실에서 철권을 하다가 중학생들과 싸워서 파출소에 가 본 적은 있어도 태어나서 경찰서에 가본 적은 그때가 처음이었다. 솔직히 내가 사람을 죽인 것도 아니고, 머리로는 큰 잘못을 한 게 아니라는 생각을 하면서도, 경찰서라는 이 장소가 주는 알 수 없는 압박감에 가슴이 두근거리고 식은땀이 나는, 그야말로 초긴장 상태가 되어서는 빨리 내 차례가 오기만을 하염없이 기다렸다.

그렇게 1시간 정도 지나고 나서야 드디어 내 이름이 호명됐다. 형사 아저씨 앞에 앉으니 영화에서 봤던 것처럼 이름과 사는 곳, 직업, 가족 관계 등을 시작으로 '카지노 피시방은 누구 소개로 일하게 됐는지' '언제부터 일했는지' 등의 질문 공세가 들어왔다. 뭐, 그 정도는 답변 할 만 했다. 그러나 '라면은 누가 끓여 줬는지' '화장실은 누가 안내 해 줬는지' 등의 사사로운 질문부터 해서 '그걸 말로 알려줬는지' 아니면 '손가락으로 가리켰는지' '손님한테 인사는 동작으로만 했는지' 아니면 '소리를 내서 했는지' '화장실 청소는 혼자 했는지' '교대로 했는지' 등의 쓰잘데기 없는 질문 공세가 그 뒤로 2시간 넘게 계속 됐고, 나는 이 질문들에 혹시나 함정이 있을까 싶어 질문마다 일일히 짱구를 굴리며 대답을 하느라 막판에는 아주 진이 다 빠져 버렸다.

몇 시간 동안 폭풍 질문 공세를 하던 형사 아저씨가 담배나 한 대 피러 가자고 했다. 형사 아저씨는 내게 담배를 한 대 주며 전공이 뭐냐고 묻더니만, 앞으로 너는 전과자가 될 것이니 공무원이나 선생님 할 생각은 아예 꿈도 꾸지 말라며 연신 겁을 줬고, 제대로 겁먹은 나는 진짜 아무것도 몰랐다고, 한 번만 용서 해 달라고 통사정을 했다. 형사 아저씨는 자기도 어쩔 수 없다며, 조만간 검찰청에서 출두하라는 연락이 올 것이니, 혹시라도 내가 휴대폰을 안 받으면 집으로 전화가 갈 수도 있으니 꼭 받으라고 조언 아닌 조언을 해 줬다.

　그 뒤로도 1시간 정도 또 쓰잘데기 없는 질문 공세가 계속됐고, 새벽 2시가 넘어서야 겨우 나는 경찰서에서 빠져나올 수 있었다.

　그 사건 이후로 나는 카지노 피시방을 바로 관두고 최대한 외출을 삼가하며 거의 집에서 쳐 박혀 지내다시피 했다. 어쩌다 외출을 하게 되도 혹시나 검찰청에서 오는 전화를 못 받을까봐 무서워 100% 충전된 예비 배터리를 항시 지참하고 다녔다.

　생각해 보니 경찰서까지 끌려간 마당에 2주일 동안 일한 돈이라도 안 챙기면 너무 억울할 것 같아서 김부장 아저씨한테 전화를 했지만 10통 넘게 해도 도통 전화를 받지 않았다. 설마 문 닫았나 싶어 바로 도곡동 카지노 피시방으로 쳐들어갔더니만, 그동안 한 두번 털려본 게 아니었는지 PC방은 아무 일도 없었다는 듯이 여전히 영업을 하고 있었고, 심지어는 그때 같이 파출소로 끌려갔던 손님 3명도 그대로 있는 것이 진짜, 아주 가관이었다. 김부장 아저씨한테 돈 받으러 왔다니까 약간 당황하며 '뭐 이런 놈이 다 있나'하는 표정을 잠깐 짓더니만 알겠다며 순순히 현금으로 50만 원을 챙겨줬다.

그 뒤로 몇 주가 지나도 검찰청에서는 연락이 없었다. 아무래도 훈방 조치로 끝난 듯 했다. 생각해보니 내가 나이도 어린데다 초범이기도 해서 다시는 이런 곳에 얼씬도 못하게 하려고 형사 아저씨가 거짓말을 했던 것 같다.

인터넷을 찾아보니 훈방 조치로 끝나면 경찰서에 갔던 기록도 5년이 지나면 사라진다고 해서 그제서야 마음이 좀 놓였다.

경찰서에 다녀온 이후로 한 달 정도 지나고나서 전국을 떠들썩하게 하는 일이 하나 터졌다. '바다 이야기' 사건이었다. 뉴스와 신문에서는 연일 바다 이야기 기사를 메인으로 쏟아냈고, 그 여파 때문인지 전국적으로 대대적인 불법 도박장 단속이 시작됐다.

　사건의 스케일이 워낙 커서인지 이번에는 나처럼 일하던 아르바이트생들까지 예외없이 바로 기소가 되면서 전부 벌금형을 맞았다고 했다. 벌금은 훈방과는 다르게 평생 기록이 남는 일종의 전과여서, 자칫 나도 전과자가 될 뻔 했다는 생각에 간담이 서늘했다.

가치투자자가 되다

'카지노 PC방 사건' 이후로 칩거 생활을 하던 중에 코리아타임즈에서 아르바이트 할 때 친하게 지내던 현수에게 연락이 왔다. 당시에 우리는 둘 다 오후 아르바이트로 나는 6층 코리아타임즈, 현수는 11층 한국일보에서 일을 했지만 같이 저녁 먹고 담배를 피면서 친해지게 됐다.

현수는 한국일보 행정팀에 오전 아르바이트 자리가 났다며, 혹시 일 할 생각 있냐고 물었다. 난 두 말 할 것도 없이 바로 하겠다고 했다. 돈이 절실한 것도 있었지만, 그보다는 한국일보가 자회사인 코리아타임즈에 비해 같은 시간, 같은 일을 하고도 월급을 30만원이나 더 줬기 때문이다. 한국일보 행정팀 사람들과는 이미 어느정도 안면이 있었던 터라 행정팀 과장님과 짧게 면담을 나눈 후 바로 다음 주부터 출근을 하기로 했다.

2006년 8월. 오전 8시 반 출근에 오후 3시 퇴근, 월급 70만 원에 다시 한국일보 편집국 '행정지원팀'에서 아르바이트를 하게 됐다. 일은 코리아타임스에서 했던 일과 비슷해서 딱히 어려운 건 없었다.

　한국일보 편집국 안에는 누구나 볼 수 있게 끔 온갖 종류의 신문들이 몇 십 부씩 비치 되어 있었다. 확실히 사람은 환경에 지배를 받는다고, 심심 할 때마다 한 두 번씩 신문을 들춰 보던 것이 시간이 지나면서는 매일 신문을 읽는 습관으로 이어지게 됐다. 처음에는 용어가 생소해 대체 뭔말이야 했지만, 그래도 꾸준히 읽다 보니 어느 순간부터 '맥락'이라는 것이 잡히면서 그 뒤로는 신문 보는 재미에 푹 빠지게 됐다. 또, 매일 기자들을 봐서인지 글을 잘 쓰고 싶은 욕구가 생긴 것도 그때부터였다.

　신문을 보게 된 것 외에도 한국일보에서 일을 하며 얻은 가장 큰 수확은 책 읽는 습관을 들인 것이다. '문화부'에는 매일 다양한 출판사에서 엄청난 양의 책 들이 배달 됐는데, 그 수많은 책 들을 마냥 쌓아 둘 수는 없어서 문화부에서는 매주 금요일마다 '책 가져가는 날'을 만들었다. 선착순으로 책을 가져갈 수 있어서 나를 포함한 편집국 사람들은 금요일 오후 5시만 되면 너도 나도 할 것 없이 책이 쌓여져 있는 중앙 원형 테이블로 달려갔다.

주마다 공짜로 책을 얻게 되면서, 그 전까지만 해도 추리소설 외에는 그다지 책에 관심 없던 내가 이틀에 최소 1권씩 책 읽는 습관을 들이게 됐고, 언제나 비어있던 내 방 책장은 어느 새 책으로 가득차게 됐다.

역시, 공짜의 힘은 대단했다.

그때 얻은 책 중에 하나가 '이채원의 가치투자'였다. 이채원 아저씨는 현재 '한국투자 밸류자산운용'의 부사장이자, 지금도 그렇지만 2006년 당시에도 이미 우리나라에서는 한국의 '피터 린치'라 불리며 가치투자로 유명한 사람이었다. 책 내용은 주식에 대해서 아무것도 모른 채 증권회사에 입사했던 이채원 아저씨가 우연히 '피터린치'의 '월가의 영웅'이라는 책을 본 이후로 '가치투자'라는 것을 알게 되면서 가치투자 방식으로 자산운용을 한 덕분에 고객들에게 큰 수익을 안겨주었다는 이야기로, 주식에 관심 있는 사람이라면 누구라도 쉽게 읽을 수 있을 만큼 내용이 정말 심플하면서도 재밌었다.

워렌 버핏이 벤자민 그레이엄의 '현명한 투자자'를 처음 읽었을 때가 이런 기분이었을까? 내게 있어서는 '이채원의 가치투자'라는 책이 딱 그랬다. 박스권 매매, 상한가 따라잡기, 연 날리기 기법과 같은 차트, 기술적 분석만이 주식투자의 모든 것이라는 생각의 틀이 그 책으로 인해 모두 깨져 버렸다.

'가치투자가 답이다'라는 생각에, 퇴근을 하자마자 서점으로 달려가서는 미리 알아 본 워렌 버핏, 벤자민 그레이엄, 피터 린치, 필립 피셔의 책 들과 함께, 현재 VIP 투자자문의 대표로 있는 최준철, 김민국이 쓴 '한국형 가치투자전략'이라는 책까지 한 아름을 사왔다. 그리고 집 앞에 있는 독서실에 입성해 책상 선반 위에 사온 책들을 층층이 쌓아두고는 한 글자라도 놓칠까, 자격증 공부 할 때처럼 샤프로 밑줄을 그어가며 정말 집중해서 읽었다.

그날 이후로 아르바이트 퇴근 후 바로 독서실로 뛰어 갔고, 그렇게 2주 동안 10권이 넘는 책을 읽으니 이제는 최소한 '좋은 기업'과 '나쁜 기업' 정도는 구별 할 수 있게 됐다.

여담으로 가치투자 공부를 하고 나서 VK의 재무제표를 찾아 본 적이 있다. 정말, 당장 부도가 난다고 해도 이상하지 않을 정도로 최악의 재무 상태였다. 대체 무슨 생각으로 이런 부실한 회사에 투자를 했던 건지, 뒤 늦은 후회가 들면서도 한편으로는 VK가 왜 상장폐지 됐는지를 확실히 알게 돼서 마음은 좀 후련했다.

가치투자를 처음 접하는 사람들이 대게 그러하듯이, 나 또한 가치투자를 접한 이후로 종목 선정의 기준은 무조건 '저PER' '저 PBR' 이었다.

PER은 주가수익비율로, 기업의 시가총액을 순이익으로 나눈 지표다. 만약, 기업의 현재 시가총액이 1,000억 원이고 순이익이 100억이라면 PER은 10으로, 보통 시장에서는 PER 10 이하면 저평가라고 판단하는 편이다.

PBR은 주가순자산비율로, 기업의 시가총액을 순자산^{자본금. 자본잉여금. 이익잉여금 합계}으로 나눈 지표다. 만약, 기업의 현재 시가총액이 1,000억 원이고 순자산도 1,000억 원이라면 PBR은 1로, 보통 시장에서는 1이하면 저평가라고 판단하는 편이다.

물론, PER과 PBR 모두 절대적인 기준이 아니었음에도 당시에 나에게 있어서 두 지표는 신앙 그 자체였다.

그렇게 가치투자자(?)가 되고 나서 처음 투자했던 종목은 'SNH'와 '베이직 하우스'였다.

사실, 가치투자자라고 까불기나 했지, SNH^{현 중앙리빙테크}는 기간망 전송 장비를 만드는 회사, 베이직 하우스^{현 TBH글로벌}

는 의류 회사라는 것 말고는 정작 가치투자에서 가장 중요하게 여기는 사업 내용에 대해서는 전혀 아는 바가 없었다. 그저 두 회사 모두 'PER이 10이하, PBR이 1이하'로 저평가 되어 있으니 '곧 주가가 오르겠지'하고 막연하게 생각할 뿐이었다.

월급이 들어오자마자 바로 SNH와 베이직 하우스 주식을 샀다. 그리고 가치투자는 무조건 장기투자를 해야 되는 건줄 알고 한동안 주가를 아예 쳐다보지도 않다가, 3주 정도의 시간이 지난 다음 계좌를 열어 보고는 기겁을 했다. 두 종목 다 거짓말처럼 +40%의 수익이 나 있었기 때문이다. 상한가 따라 잡기처럼 단기간에 이뤄낸 수익은 아니었지만, 오히려 상한가 3방 맞을 때 보다 더 짜릿하고 기뻤다.

그때부터 가치투자에 재미가 들려 그 뒤로도 '저 PER, 저 PBR' 종목들만 찾아서 투자를 해 몇 번 더 두 자릿 수의 수익률을 냈고, 그렇게 계속되는 투자 성공에 가치투자에 대한 확신이 점점 더 견고해져 갔다. 그러던 중 솔로몬 저축은행이라는 종목을 만나게 됐다.

솔로몬 저축은행은 2000년 중반부터 공격적인 인수합병 M&A으로 덩치를 불리며 단숨에 저축은행 1위까지 오른, 업계에서는 신화와 같은 회사였다. 특히나 2006년 당시에는 부동산 경기가 워낙 좋았을 때여서 일반 대출보다 위험성은 크지만 그만큼 이자가 높았던 PF프로젝트 파이낸싱 대출이 급증한 덕분에 솔로몬 저축은행의 매출과 이익도 1~2년 사이에 급증하게 되면서 2004년에 2,000원 대에 불과하던 솔로몬 저축은행의 주가 또한 2년 만에 무려 10배가 뛰면서 2만 원을 넘겼다. 그러다가 다시 조정을 받으며 1만7,000원 대에서 횡보를 하던 중에 내 눈에 띈 것이다.

1, 2년 전에 비하면 주가가 엄청나게 올랐긴 해도, 아직도 PER 6에 PBR이 0.7 밖에 안 돼 현재 주가는 저평가 상태라는 것이 내 판단이었다.

2006년 9월. 당시에 전 재산이던 200만 원 전부를 솔로몬 저축은행에 몰빵했다. 매수가는 1만7,000원이었다. 저평가인 것도 그렇고, 솔로몬 저축은행의 목표 주가를 2만5,000원으로 제시한 증권사 리포트까지 나온 것을 보니 조만간 2만 원은 넘겠지 싶었다.

하지만 기대와는 달리 솔로몬 저축은행의 주가는 그 뒤로 연거푸 하락하며 결국 1만5,000원 밑으로까지 떨어지면서 손실은 어느새 −20%가 됐다.

그래도 위축되지 않은 것이 솔로몬 저축은행은 분명 저평가

된 종목이기 때문이었다. 오히려 주식을 더 싸게 살 수 있는 기회라는 생각에, 그 뒤로 매달 월급이 들어 올 때마다 30만 원 씩 솔로몬 저축은행을 '물타기' 했다.

2007년 3월. 솔로몬 저축은행의 주가는 여전히 하락 중이었다. 반 년 넘게 하락만 하는 주가를 보고 있자니 슬슬 지쳐 가면서 하루에도 몇 번 씩 팔아 버리고 싶을 충동이 들기도 했지만 그럴 때마다 '기업은 반드시 제 가치를 찾아 간다' 라는 워렌 버핏의 말을 떠 올리며 꾹 참고 버텼다.

반 년 넘게 계속되는 물타기에 평균 매수가는 1만5,000원 대 까지 떨어졌고, 솔로몬 저축은행에 들어간 투자금도 어느새 400만 원이나 됐다.

끝 없이 오를 줄만 알았던 증시가 2007년 하반기가 되면서 하락 국면으로 접어 들었다. 그리고 반 년 넘게 하락만 하던 솔로몬 저축은행의 주가 하락 폭도 증시의 하락과 함께 한층 더 심해졌다. 이쯤되니 '진정한 가치투자자라면 주가가 아닌 기업 자체를 봐야 한다'는 워렌 버핏의 말도 혹시 '뻥'이 아닌가 싶으면서 계속 늘어가는 손실을 보고 있자니 이러다가 VK 때 처럼 상폐^{상장폐지} 당하겠다 싶어 슬슬 겁이 나기 시작했다.

2008년 2월. 결국 버티지 못하고 100만 원이 넘는 손실을 보고 솔로몬 저축은행의 주식을 모두 손절매 했다. 문제는, 나만 손절매 했다고 끝이 아니라는 거였다.

2007년에 주식 장이 워낙 좋아서인지 주변에서 하도 종목 추천 좀 해 달라길래, 그때마다 나는 자신있게 솔로몬 저축은행을 추천했었고, 결국 그들 모두 나처럼 비극적인 결말을 맞이하게 됐다. 다들 투자금이 그리 크지는 않아서 쌍욕까지는 듣지 않은 게 그나마 다행이었다.

분명 저평가된 종목이었는데, '대체 왜…' 돈을 잃은 것도, 마음의 빚을 진 것도 괴로웠지만 그보다는 실패의 이유를 몰라 더 괴로웠던 나는 뉴스 기사와 블로그, 카페 등을 뒤져가며 공부를 한 끝에 드디어 솔로몬 저축은행의 주가 하락의 이유를 찾을 수 있었다.

2000년 이후로 영원할 것만 같던 부동산 경기 호황은 2007년 말 미국에서 불거진 서브 프라임 모기지 사태로 인해 끝이 나면서 부동산 경기가 급속도로 얼어 붙으며 그 여파는 곧 바로 금융시장으로까지 이어졌다. 주식시장에서는 금융주, 그 중에서도 PF대출 비중이 특히나 높았던 저축은행주들의 주가가 가장 큰 타격을 받았는데, 재수없게도 내가 솔로몬 저축은행에 관심을 갖게 된 시기가 하필이면 주가가 최고점을 찍고 서브 프라임 모기지 사태로 인해 막 하락하기 시작 할 때였던 것이다.

PER과 PBR을 근거로 종목을 선정하는 것도 문제가 있었다. 솔로몬 저축은행의 PER, PBR이 10 이하, 1 이하이긴 해도, 당시에 저축은행 업종 평균 PER, PBR과 비교하면 솔로몬 저축은행의 PER과 PBR은 오히려 업계 평균보다 높은 편에 속했다. 또, PER과 PBR의 판단 기준이 되는 당기순이익과 순자산은 미래가 아닌 과거의 수치일 뿐, 미래 가치가 주가로 선 반영 되는 주식의 특성상 과거의 당기순이익과 순자산을 근거로 한 PER과 PBR 지수는 사실 의미없는 숫자 놀음에 불과했다.

비록, VK때처럼 깡통을 찬 것까지는 아니었지만 나 뿐만 아니라 주변 사람들에게까지도 피해를 끼쳤다는 점에서 솔로몬 저축은행에서의 투자 실패는 오히려 VK 깡통 때보다 심리적으로는 더 큰 타격을 줬다.

또, 솔로몬 저축은행에 투자했던 1년이 넘는 기간 동안 너무 마음 고생을 심하게 해서인지, 그때부터 스트레스로 인한 위염 증상이 조금씩 나타나기 시작했다.

2008년 금융위기를 겪다

　　　　　솔로몬 저축은행에서 투자 실패 후 모든 게 덧 없이 느껴지며, 이제는 주식투자에서 수익을 낼 자신이 없었다. 그리고 주변에 친구들이 하나 둘 씩 취직 준비를 하는 것을 보니 주식투자에만 매달리며 아르바이트를 전전하는 내 자신이 왠지 한심하다는 생각이 들었다. 물론 주식으로 돈만 많이 벌었다면 이야기는 달라졌겠지만 말이다.

　그래서 잠시 주식투자를 쉬기로 하고 '증권투자권유대행인' 자격증 공부를 시작했다. 주식 공부를 진지하게 해 보고 싶은 것도 있었지만, 그 보다는 자격증이라도 따면 솔로몬 저축은행에서의 실패가 조금이나마 보상이 될까 싶어서 였다.

　2008년 3월. 한 달 정도 공부하고 또 61점이라는 기적같은 점수로 증권투자권유대행인 시험에 합격했다. 덕분에 솔로몬 저축은행으로 쪼그라 들었던 자신감이 조금은 살아나게 됐다.

하루는 심심해서 교보문고에 갔다가 신간 코너에서 '유니짱의 좌충우돌 경매 투자'라는 책을 보고 이번에는 부동산 경매에 관심이 생겼다. 사실, 전부터 이제 부동산투자도 한 번 해봐야 하지 않나 하는 생각을 갖고 있긴 했었다.

부동산 경매 수익률이 주식 못지 않게 높다는 것도 그렇고, 또 직접 현장을 발로 뛰며 투자를 한다는 것도 내게는 더 매력적으로 다가왔다. 그러나 소액이라 해도 부동산 경매를 하려면 최소 1,000만 원 이상은 필요했고, 경매에서 낙찰 받는 과정도 만만치 않은 데다, 부동산 경매를 하려면 법도 많이 알아야 해서 주식처럼 마냥 쉽게 덤벼지지가 않았다.

책 몇 권 사서 공부 한 번 해 볼까 하다가, 이왕 부동산 공부하는 거 차라리 공인중개사 자격증을 따는 게 낫겠다 싶어서 이번에는 공인중개사 시험에 대해 알아봤다.

공인중개사 시험은 1차, 2차 통틀어서 총 6과목으로, 과목 수도 많고 책도 한 권당 800페이지 정도로 분량 또한 어마어마 했다. 10월에 있을 시험까지는 5개월 밖에 남지 않아 그 기간 안에 동차 합격이 가능할까 싶었지만, 그동안 자격증 시험 본 것을 상기해보니 그래도 내가 시험 운은 타고 났다는 생각에 잘하면 공인중개사 시험도 합격할 수 있겠다 싶었다.

그렇게 공인중개사 공부를 하기로 하고, 아무래도 일을 하면서 공부를 하기에는 시간이 부족 할 것 같아서 5월 말에 한국일보 아르바이트를 그만 뒀다.

2008년 6월. 무거운 백팩을 매고 매일 아침 도서관으로 출근해서 공인중개사 인터넷 강의를 들었다. 확실히 공인중개사 공부는 그동안의 자격증 공부와는 많이 달랐다. 분량도 분량이지만 6과목 중에 1과목 빼고는 모두 법 과목이라 강의를 듣고 나서도 내가 뭘 들었나 싶을 정도로 전혀 이해가 가질 않았다. 이해가 안 되니 강의 듣는 게 점점 재미가 없어지면서, 결국 날이 가면 갈수록 도서관 가는 날보다 친구 만나 노는 날이 많아지게 됐다.

2008년 8월. 공부를 하는 둥 마는 둥 하며 허송세월만 보내다 보니 어느새 두 달이라는 시간이 후딱 지나갔다. 다른 날과 마찬가지로 억지로 강의를 듣고 있는데 이상하게 그날따라 계속 주식 생각이 났다. 그래서 오랜만에 HTS를 다운 받아 실행했다가 깜짝 놀랐다. 코스피, 코스닥 지수 뿐만 아니라 예전에 관심종목에 편입해 두었던 종목들의 주가가 죄다 폭락해 있었기 때문이다. 어디 전쟁이라도 났나 싶어 뉴스 기사를 훑어 보니, 이게 다 '서브 프라임 모기지' 영향 탓이라고 했다.

서브 프라임 모기지는 미국의 은행들이 신용등급이 낮은 저소득층을 대상으로 주택 자금을 빌려주는 주택담보 대출상품으로, 우리말로 하면 '비우량 주택담보대출'이었다. 신용등급이 낮은데도 대출 담보비율이 무려 90%나 되는 말도 안 되는 상품이었지만, 그만큼 금리를 높게 받을 수 있어서 은행들은 고객을 가리지 않고 너도나도 상품을 팔아 댔고, 덕분에 미국의 저소득층 대다수가 내 집 마련의 꿈을 이룰 수 있었다.

이런 비상식적인 대출이 가능했던 이유는 딱 하나, 미국의 집 값이 지난 수 십 년간 꾸준히 올랐기 때문이었다. 리스크가 크긴 해도 그만큼 이자를 많이 받을 수 있었고, 또 지금처럼 계속 집 값만 올라 준다면 최소한 원금을 떼일 염려가 없으니 은행 입장에서는 전혀 손해 볼 게 없는 장사였다. 하지만 끝없이 오를것만 같던 미국의 집 값이 어느 순간부터 하락세로 돌아서면서 그렇게 전세계적인 재앙이 시작됐다.

미국에서 집이 안 팔리는 거랑 우리나라 증시가 떨어지는 거랑 대체 무슨 상관인지, 당시에는 그런 메카니즘이 전혀 이해가 되질 않았다. 아니, 솔직히 별로 궁금 하지도 않았다. 그저 주가가 싼 종목들이 지천에 널려있는 것을 보고 있자니 돈만 있으면 죄다 쓸어담고 싶다는 생각 뿐이었다.

그렇게 입맛만 다시고 있는데, 하루는 엄마가 내게 펀드를 환매 해야 할지 말아야 할지에 대해 물었다.

2007년 말. 코스피 지수가 마의 2,000선을 넘기며 활황의 정점에 다다랐던 당시는 비단 주식 뿐만 아니라 펀드 또한 엄청난 열풍이 불던 때였다. 실제로 내가 아는 사람 중에서도 펀드에 들어간지 2달 만에 수익이 40%나 났을 정도였으니 지금 생각해도 정말 대단하긴 했었다. 펀드 중에서도 특히나 인기가 많았던 것은 미래에셋의 '인사이트' 펀드와 '봉주르 차이나' 펀드였다. 아마 당시에 대한민국 사람 반 이상은 미래에셋 펀드에 가입했을 거다. 그리고 그 가입자 중에는 우리 엄마도 있었다. 적금이 만기되어서 은행에 갔다가 직원의 적극적인 권유에 못 이겨 가입을 하게 된 건데, 그때는 그렇게 하는 것이 너무도 당연했다.

그리고 시간이 흘러 2008년 여름. 중국 베이징 올림픽이 성황리에 막을 내렸지만, 베이징 올림픽의 영향으로 중국을 비롯해서 국내 증시도 엄청나게 오를 것이라던 은행 직원의 호언장담과는 달리, 그때를 기점으로 서브 프라임 모기지 사태가 본격적으로 불거지면서 미국과 중국, 일본, 우리나라 할 것

없이 전세계 증시는 연일 폭락에 폭락을 거듭했다.

엄마의 펀드도 손실을 피해 갈 수는 없었고, 2개의 펀드에 가입했던 엄마는 나중에 형과 내게 주려고 했던 거라며 손실에 안타까워 했다.

내 것이라는 말에 순간 귀가 번쩍 뜨였다. 그리고는 엄마에게 어차피 줄 돈이면 차라리 지금 주면 안 되냐고, 내가 한 번 굴려 보고 싶다고 말했다. '반드시 원금을 회복해 놓겠다'는 말도 잊지 않았다.

어린 놈이 느닷없이 돈 내 놓으라니, 나 같았으면 귀 싸대기라도 한 대 후려 쳤을 것 같은데 엄마는 의외로 알겠다며 흔쾌히 허락을 했다. 그리고는 '공부 열심히 해서 잘 굴려 보라'는 말과 함께 그날 바로 펀드 통장을 내게 넘겼다. 아마, 증권투자 상담사 자격증을 딴 것이 엄마에게 신뢰감을 줬던 게 아닌가 싶다.

역시, 사람은 많이 배우고 볼 일이었다.

엄마에게 펀드를 넘겨 받은 다음날, 아침 9시가 되자마자 펀드를 해지하기 위해 은행으로 달려갔다. 은행 직원의 만류에도 불구하고 나는 냉정하게 펀드를 해지 했고, 그 뒤로 일주일 정도 지나 내 통장으로 1,800만 원 상당의 펀드 환급금이 들어왔다. 그 돈에다 내 전 재산이던 200만 원을 합치니 깔끔하게 딱 2,000만 원이 됐다.

태어나서 이렇게 큰 돈은 처음인데다 앞으로 이 큰 돈을 내가 직접 굴린다는 생각에 너무 좋아서 미칠 것 같았다. 빨리 내일 주식 장이 열리기 만을 고대했다.

지난번 솔로몬 저축은행의 투자 실패를 교훈 삼아, 이제는 단순히 숫자만이 아닌 회사의 사업 내용까지 꼼꼼히 살펴 봐야 겠다 싶어, 금융 감독원 '전자공시 시스템DART'에서 여러 종목의 사업보고서를 다 출력해서 하나하나 꼼꼼히 읽어본 끝에, '고려아연'이라는 종목을 최종 선택했다.

고려아연은 회사 이름에서 알 수 있듯이, 아연과 연 등의 비철금속과 귀금속인 금, 은을 생산, 판매하는 제련업체였다. 1974년에 '영풍'의 자회사로 설립된 고려아연은 국내 아연시장의 50%의 점유율을 차지하고 있었고, 모회사인 영풍의 점유율까지 합치면 점유율이 무려 80%나 되는, 사실상 이 분야에선 국내 독점 기업이었다. 거기에 저 PER과 저 PBR은 물론이고, 부채비율은 낮고 유보율은 높은 것이 정말 모든 게 완벽해 보였다.

2008년 9월. 목표가를 20만 원으로 잡고 13만 원 대이던 고려아연을 매일 100만 원 씩 분할 매수에 들어갔다. 그런데 9월 15일에 미국의 4위 투자은행이던 '리먼 브라더스'가 서브 프라임 모기지의 영향으로 인해 파산을 하면서 그 영향으로 우리나라를 비롯한 전세계 증시가 폭락을 하며 고라아연의 주가도 순식간에 10만 원 대로 급락해 버렸다. 갑작스러운 급락에 좀 놀라긴 했지만, 아직 추가 매수 할 현금이 꽤 남아 있어서 더 싸게 살 수 있다는 생각에 오히려 기뻤다.

그 뒤로 고려아연의 주가가 떨어지는 족족 받아 먹다보니 어느새 투자금 2,000만 원이 전부 고려아연 한 종목에 들어가게 됐다. 평균 매수가는 11만 원이었다. 2,000만 원이나 되는 큰 돈을, 그것도 한 종목에 '몰빵'해 놓고 나니 그때부터는 정말 하루 하루가 긴장의 연속이었다. 주가가 1%만 떨어져도 손실이 20만 원씩 나는데, 진짜 마음이 너무 쫄려서 밤에 잠도 제대로 잘 수가 없었다. 아무래도 마음이 불안해서 '반 정도 팔까' 하다가도, '설마 이렇게 좋은 회사가 망하겠냐' 싶어서 일단은 그냥 들고 가기로 했다.

그때 반이라도 팔았어야 했다. 고려아연의 주가는 내가 몰빵한 이후로도 계속 하락만 하다가 9월 말이 되면서부터는 진짜 미친 듯이 떨어져서 10만 원 대이던 주가가 다음 주에는 9

만 원 대가 됐고, 그 다음 주에는 8만 원 대가 됐다.

그대로 심장이 철렁 내려 앉으며 호흡이 점점 가빠오더니만 손이 덜덜 떨리기 시작했다. 살면서 처음 느끼는 극도의 공포감이었다. 손절매도 어느 정도껏 떨어져야 하는 거지, 무자비하게 폭락하는 주가 앞에서 너무 무서워 감히 손절매는 꿈도 꾸지 못했다. 내가 할 수 있는 일이라고는 반쯤 넋이 나간 상태로 그저 폭락하는 주가를 지켜만 보는 것 뿐이었다.

고려아연은 결국 6만 원 대까지 떨어지고 나서야 폭락을 멈췄다. 계좌를 확인해 보니 손익률 −42%에 손실은 800만 원이 넘어가고 있었다. 엄청난 공포감에 엄청난 금전 손실까지 입고 나니 공인중개사 시험은 아예 생각도 안 났다.

밥도 굶고 오전 내내 정신나간 사람처럼 멍하니 있다가 오후에 가까스로 정신줄을 잡고 다시 고려아연의 주가를 확인해 봤다. 이제는 6만 원 대 마저 간당 간당해 보였다.

순간, VK가 떠 오르면서 '이러다 또 깡통 차는 거 아닌가' 싶어 결국 전량 손절매를 했고, 그렇게 고려아연에 투자 한 지 3주 만에 1,000만 원이라는 거금이 날아갔다.

그러나 이건 금융위기의 시작에 불과했다.

2008년 10월 24일. 코스피 지수가 결국 심리적 마지노선이었던 1000선 마저 무너져 버렸다. 코스피 우량주, 코스닥 잡주할 것 없이 국내에 상장되어 있는 대부분의 주식들이 죄다 하한가로 떨어지며 코스피와 코스닥이 동시에 '사이드카'가 발동하는 유례없는 일이 벌어지는 등, 주식시장은 그야말로 초토화가 됐다. 언론에서는 1929년 대공황에 버금가는 금융위기가 왔다며, 앞으로 코스피 지수가 500대 까지도 떨어질 수도 있다는 식으로 연신 겁을 줬다. 팍스넷과 네이버 증권 게시판에는 '제발 살려달라'는 투자자들의 울부짖는 글이 난무했다.

정말, 이런 게 지옥이구나 싶었다.

고려아연의 주가도 결국 3만 원 대까지 떨어졌다. 내가 판 뒤로도 반토막이나 더 떨어진 것이다. 비록 1,000만 원을 날리긴 했지만 3만 원 대까지 떨어진 주가를 보니 그래도 손절매한 덕분에 더 큰 손실을 막은 것 같아 그나마 위로가 됐다.

금융위기라는 쓰나미가 휩쓸고 지나간 자리는 너무나도 처참했지만 나 같이 현금을 쥐고 있는 사람들에게는 그야말로 '파라다이스'가 따로 없었다. 주가가 이렇게 싸도 되나 싶을 정도로 정말 쌌기 때문이다. 지금 생각해도 내 생에 다시 그런 날이 올까 싶을 정도로 정말, 너무 너무 쌌다. 차트 분석이나

▲   76

재무 분석 할 필요도 없이, 그냥 눈 감고 아무 종목이나 사도 될 것 같았다.

　그래도 종목이 너무 많아서 '어떤 종목을 살까' 행복한 고민을 하고 있던 중에, 불현듯이 솔로몬 저축은행이 생각났다. 주가를 확인해 보니 2,000원 대였다.

　'가장 마지막에 확인 했을 때가 12,000원 대였는데…' 순간 등골이 오싹해졌다. '주식이 이렇게 무서운 거구나' 싶었다.

　장고 끝에 솔로몬 저축은행에 남은 1,000만 원을 질렀다. 비정상적인 시장에 이미 나도 제정신이 아니기도 했거니와, 지난 번에 솔로몬 저축은행에서의 투자 실패를 만회하고픈 욕구가 강했다. 무엇보다 주가가 이미 2,000원 대까지 폭락한 마당에 설마 더 떨어지겠냐 싶었다.

　이제는 모 아니면 도였다.

　매수하고 이틀 째 되던 날, 솔로몬 저축은행이 느닷없이 상한가를 쳤다. 최대주주인 임석 회장이 지분 매입을 한다는 공시 덕분이었다. 솔로몬 저축은행은 그 뒤로도 이틀이나 더 상한가를 쳤고, 그렇게 3일째 되던 날 난 +50%의 수익을 보고 솔로몬 저축은행을 전량 매도했다. 그런데 내가 팔자마자 솔로몬 저축은행이 다시 급락 했다. 이게 왠 떡이냐 싶어서 다시 솔로몬 저축은행을 풀매수 했고, 며칠 후에 다시 주가가 급등 할 때 모두 팔고 나오면서 또 한 번의 큰 수익을 냈다.

솔로몬 저축은행 덕분에 1,000만 원의 투자금이 2주 만에 1700만 원까지 불어나면서, 그렇게 난 2008년 금융위기에서 말도 안 되게 살아 남을 수 있었다.

그러나 계속 주식에만 신경을 쓴 탓에 10월 26일에 있던 공인중개사 시험에서는 고배를 마셔야 했다.

전업투자자가 되다

2008년 11월. 금융위기의 여파로 코스피와 코스닥 지수가 하루에도 5%씩 오르 내리고 시도때도 없이 사이드카가 발동하는 것이 이제는 일상이 됐다. 그리고 난세에 영웅이 난다고, 인터넷에서는 '미네르바'라는 인터넷 논객이 한창 유명세를 떨치고 있었다.

미네르바는 '다음 아고라'에서 활동하던 인터넷 논객으로, 리먼 브라더스의 파산과 코스피 지수가 1,000 이하로 떨어질 거라는 예언을 정확히 적중 시키면서 개인 투자자들 사이에서 영웅으로 추앙받게 됐다. 미네르바는 앞으로 코스피 지수는 500까지 떨어질 것이며 '어쩌면 우리나라가 파산 할 가능성도 적지 않으니 미리 라면이라도 사재기 해 두라'는 섬뜩한 경고를 하기도 했다. 지금 생각해 보면 말도 안 되는 소설 같은 이야기였지만 당시에는 그런 미네르바의 말이 공공연한 사실로 받아들여질 만큼 확실히 시장이 정상은 아니었다.

공인중개사 시험에서 떨어진 이후로 나는 주식을 사고 팔며 생활비를 버는 전업투자자가 됐다. 물론 표면상으로는 백수였다.

어쨌든 당시에 나의 전업투자자로서의 하루는 이랬다.

아침 7시 반에 기상하면 컴퓨터를 켜고 바로 뉴욕 증시부터 체크했다. 금융위기 이후로 국내 증시와 뉴욕 증시는 100% 커플링 했기 때문이다. 그리고 전날 미리 골라둔 종목들 중에서 어떤 종목을 어떤 가격대에 얼마나 사고 팔건지에 대한 '매매 시나리오'를 디테일하게 짜놓고, 장 시작 전까지 주식 카페에서 회원들과 투자 종목을 공유하며 이야기를 나눴다.

오전 9시에 장이 시작되면 종목들의 움직임을 살피며 매수, 매도 타이밍을 기다렸다가 미리 정해둔 가격대가 오면 분할 매매에 들어갔다. 대게는 2호가 단위로 주문을 쭉 걸어두고는 HTS를 꺼 버렸다. 어차피 거래가 체결 되면 핸드폰으로 문자가 오는 데다 계속 보고 있으면 마음이 흔들려 미리 짜둔 시나리오대로 매매를 할 수 없었기 때문이다.

어느 정도 주식 거래가 마무리 되면 인터넷 서핑을 하거나 친구들과 메신저로 수다를 떨면서 시간을 보내다가 오후 3시에 장이 끝나면 그날 매매 했던 종목들을 정리하고 다음날 매매 할 종목들을 미리 골라 관심종목에 편입해 뒀다. 그리고 밤이 되면 유럽 증시와 뉴욕 증시를 체크 하는 것으로 하루를 마무리 했다.

내 매매 스타일은 주로 며칠에 걸쳐 사고 파는 스윙 투자로, 차트 상 전 저점과 전 고점 사이를 반복해서 오르고 내리는 종목들로 '박스권 매매'를 했다. 저점과 고점이 확실한 박스권 안에서만 매매를 하는 것이 매수나 매도 타이밍을 잡기가 편했고, 상따상한가 따라잡기와는 달리 매일 사고 파는 게 아니라 하루종일 모니터를 쳐다 보지 않아도 되니 좋았다.

내가 주로 보는 메뉴는 주문창과 차트, 그리고 실시간 외국인, 기관 매매 동향이 전부라 2~3개의 모니터를 사용하는 대부분의 전업투자자들과는 달리 나는 17인치 네모난 모니터 하나만 있어도 충분했다.

대게, 한 번 매수에 들어가면 길어도 2주 안에는 반드시 20% 이상 수익이 났다. 증시가 하루에도 5%씩 오르 내리며 널뛰기를 하던 때라 적당히 눈치 보면서 치고 빠지기만 잘해도 돈 벌기는 정말 쉬웠다.

그때 투자했던 종목들은 'NHN^{현 네이버}' '오리온' '기아차' '대교' '외환은행' 등 이었다. 그 중에서 가장 많은 수익을 낸 종목은 기아차였다.

언제부턴가 도로 위에 독특한 디자인을 한 자동차가 보이기 시작했다. 기아차에서 나온 '쏘울'이었다. 쏘울은 '박스카' 타입으로 마치 모터쇼에 있는 컨셉트카가 그대로 출시된 것 마냥 2008년 당시만 해도 국내 차 중에서는 보기드문 디자인이었다. 쏘울 뿐만 아니라 '로체'의 후속으로 나온 '로체 이노베이션'의 디자인도 예뻤다. 이름처럼 혁신적인 디자인이었다.

기아차의 디자인 혁신은 '자동차는 무조건 예뻐야 한다'며 연신 디자인, 디자인을 외쳐대던 당시 기아차 TV 광고에서도 잘 드러났다. 대체 뭘 믿고 이렇게 디자인을 외쳐대나 싶었는데 역시 믿는 구석이 있었다. 알고 보니 기아차가 독일 유명 브랜드인 아우디 출신의 '피터 슈라이어'를 수석 디자이너로 영입했던 것이다. 그리고 피터 슈라이어 영입 이후 처음으로 내 놓은 차가 바로 '로체 이노베이션'이었다.

2008년 12월. 잘하면 형님 격인 현대차도 뛰어 넘을 수 있겠다는 생각에 기아차 주식을 매수했다. 아직까지도 금융위기의 여파로 주가는 거의 바닥에 가까운 6,000원 대에 불과했다.

내가 정말 되려는 건지 매수하자마자 주가가 슬슬 올라가더니만 매수한 지 2주 만에 기아차 주가는 어느새 8,000원을 넘어섰다. 더 들고 갈까 하다가 왠지 다시 떨어질 것 같다는 생각에 일단 +30%의 수익에 만족하고 전량 매도했다.

12월 말이 되면서 기아차는 예상대로 다시 6,000원 대로 떨어졌다. 그리고 2009년 새해가 되면서 다시 7,000원 대로 반등하는 것을 보고 다시 매수에 들어갔고, 한 달 정도 보유하다가 8,000원 대까지 오르자 다시 전량 매도해 수익을 냈다.

그렇게 기아차를 비롯한 몇 개의 종목에서 단 한 번의 손실 없이 꾸준히 수익을 내면서, 전업투자를 시작한 지 두 달 만에 1,700만 원의 투자금이 3,000만 원까지 불어 났다.

이 분위기 그대로 간다면 2009년 안에 '억'의 고지를 넘을 수도 있을 것 같았다.

그러나 거침없던 나의 연승 행진은 'SK브로드밴드'를 만나면서 끝이 났다. 대규모 적자가 기정사실화였음에도 주가가 고점 대비 많이 떨어졌다는 이유로 매수 한 것이 화근이었다.

SK브로드밴드를 매수 한 지 2주가 지나도 수익은 커녕 손실만 점점 커져갔다. 그럼에도 가치투자자는 하늘이 두 쪽 나도 손절매 만큼은 절대 할 수 없다는 쓰잘데기 없는 고집을 부리며 버티다가, 결국 3주 만에 400만 원의 손실을 보고 SK브로드밴드를 손절매 했다.

요 몇 달 간 언제나 수익을 안겨줬던 '저가 매수 + 버티기 = 수익' 이라는 황금 공식이 박살나는 순간이었다.

비상장 주식투자를 하다

2009년 2월. SK브로드밴드를 손절매 하고 나니 계좌에는 2,500만 원 정도 남았다. 쭉 수익만 내다가 갑자기 손실이 나니까 여기서 돈을 더 잃게 될까봐 덜컥 겁이 났다. 거기에 집에서 계속 전업투자자를 빙자한 백수 생활을 하는 것이 아무래도 눈치가 보여, 여기서 더 나이 들기 전에 빨리 취직이나 해야겠다는 생각이 들었다. 그래도 이왕이면 주식과 관련된 일을 해보고 싶어서 '잡코리아'에서 주식과 관련된 회사를 찾다가 '바른에셋'이라는 장외 주식 중개회사에서 직원을 구한다는 공고 글을 보게 됐다.

장외 주식은 주식시장에 상장되지 않은, 그러니까 HTS에서 거래 할 수 없는 '비상장 주식'을 말하는 거였다. 우리가 보통 HTS로 거래하는 주식들은 주식시장에 상장되어있는 '상장 주식'이고, 그 외에는 다 '비상장 주식'이었다.

상장 주식은 HTS에서 손쉽게 주식을 사고 팔 수 있는 반면, 비상장 주식은 주식을 사려는 매수자와 주식을 팔려는 매도자가 직접 1대 1로 거래를 하는 시스템이다. 중고 물품을 사고 팔 때 '중고나라' 카페를 통해서 거래를 하는 것처럼 비상장 주식도 '38커뮤니케이션'과 같은 장외 주식 사이트를 이용해서 거래를 해야했다. 거래 단위가 최소 백만에서 천만 원 이상이다 보니 워낙 사기치는 인간들이 많아서 보통은 중간에 '중개 회사'를 끼고 거래를 하는 것이 일반적이었다. 바른에셋이 바로 이런 중개 회사였다.

장외 주식 거래 하는 장면을 상상해 보니, 문득 영화 '월 스트리트'에서 전화기 두 대를 양쪽 귀에 대고 열심히 주식을 사고파는 '증권 브로커'의 모습이 연상됐다. 이거 재밌겠다는 생각에 바른에셋에 바로 이력서를 넣었고, 반나절이 지난 저녁 무렵에 다음날 면접을 보러 오라는 연락이 왔다.

바른에셋은 명동역 근처 오피스텔 13층에 있었다. 문을 열고 들어가니 7평 남짓한 작은 방 안에 6개의 책상이 서로 마주보는 식으로 배치되어 있었고, 40대 정도로 보이는 6명의 여자 직원들이 바쁘게 전화를 하고 있었다. 그중에 사장으로 보이는 여자 분에게 면접을 봤고, 그렇게 다음날부터 출근해서 옆 자리 아주머니에게 장외 주식 중개 일을 배웠다.

일은 간단했다. 먼저, '38커뮤니케이션'에 접속을 해서 게시판에 장외 주식을 사거나 팔겠다고 글을 올린 매수자나 매도자에게 전화를 걸어 주식 중개해 주겠다고 제안을 한다. 그리고 상대방이 승낙을 하면 조건에 맞는 거래 상대방을 찾아서 매칭을 시켜준 다음, 가격을 흥정하고 협의가 되면 매도자는 매수자의 증권 계좌에 주식을 입고하고 매수자는 매도자의 계좌로 돈을 입금 하면 끝이었다. 이때 중개 회사는 거래 금액의 약 2~3% 정도를 중개 수수료로 챙겼다.

하지만 막상 해 보니 이게 만만치 않았다. 매물 게시판에 올라온 글을 보고 전화를 하면 열에 아홉은 우리와 같은 '업자'들이었다. 실 매수자나 매도자와 연락이 된다 해도 수 많은 중개 회사들이 허위 매물을 잔뜩 올려 놓은 탓에 가격 협상이 되지 않아 실제 거래로까지 이어진다는 것이 쉽지가 않았다.

출근한 지 4일 정도 됐을 때였다. 사무실에서 유일하게 친하게 지내던 옆자리 아주머니가 다른 직원에게 일을 못 한다며 엄청 '갈굼'을 당하는 일이 있었다. 진짜 듣는 내가 다 화가 날 정도로 엄청 심하게 갈궈댔다. 그렇게 한참을 갈굼 당하던 아주머니는 결국 내게 빨리 관두라는 말을 남기고는 다음날 일을 관둬 버렸다. 그리고 그날 점심을 먹으며 이야기를 하다가 우연히 월급에 대한 이야기가 나왔다. 면접 당시에는 분명 기본급이 있다고 했는데 사장은 자기가 언제 그랬냐고, 우리는 무조건 '인센티브제'라며 계약 못하면 한 푼도 받아 갈수 없으니 관두고 싶으면 지금 빨리 관두라고 내게 윽박을 질러댔다. 친하게 지내던 아주머니도 나간데다 월급제도 아니고 하니 미련 없다는 생각에 알았다고 하고 나도 그날 바로 관둬 버렸다.

비록 일주일도 안 되는 짧은 기간이었지만 그래도 비상장 주식 거래의 매커니즘은 확실히 배울 수 있어서, 이참에 경험 삼아 내가 직접 비상장 주식투자를 해보기로 했다.

허접하긴 했지만 38커뮤니케이션 사이트에서 제공하는 재무제표를 보며 저평가된 기업을 찾아보니, 확실히 상장 기업에 비해 사람들의 관심이 덜 해서인지 재무상으로는 저평가된 종목들이 꽤나 많았다.

이 종목들 중에서 그래도 몇 개는 언젠가 주식시장에 상장을 할 것이고, 그렇게 되면 주가가 지금보다 최소 몇 배는 오르게 될 터이니, 어쩌면 비상장 주식에 투자하는 것이야 말로 '진정한 가치투자가 아닌가' 하는 생각이 들었다.

비상장 주식투자는 처음이라 그래도 안전하게 어느 정도 사이즈가 되는 기업 위주로 고르다가 '하이투자증권'이라는 종목에 투자하기로 했다.

하이투자증권의 전신은 'CJ증권'으로 2008년에 현대중공업에서 인수 후 사명을 지금의 하이투자증권으로 변경했다. 선박 만드는 현대중공업이 뜬금없이 증권사를 인수한 이유는 자본통합법^{일명 자통법} 때문이었는데, 기존의 조선 사업 외에 선박 펀드와 직원들의 퇴직 연금을 주력으로 금융 사업을 하기 위한 일환이었다.

38커뮤니케이션 하이투자증권 게시판에 주식을 사고 싶다는 글을 올렸다. 그리고 한 20초 지났나? 거짓말 안 하고 그 뒤로 게시글을 삭제할 때까지 5분 동안 10통이 넘는 전화가 쉴 새 없이 걸려 왔다. 물론, 다 중개 회사였다. 그 수 많은 중개 회사 가운데 1주당 2,000원으로 가장 저렴한 가격을 제시한 회사에 하이투자증권 주식을 사기로 했다. 얼마나 살 거냐는 물음에 2,000만 원 어치 살 거라고 하니 잠깐 동안 말이 없더니만 다시 전화를 주겠다고 끊고서는 3분 정도 지나 다시 전화가 왔다. 그리고 다급한 목소리로 바로 주식을 입고 할테니 증권 계좌 번호를 알려 달라고 했다. 10분 정도 지나자 내 증권 계좌로 하이투자증권 주식 1만 주가 입고 됐고, 나는 중개 회사에서 알려준 매도자의 계좌로 2,000만 원을 입금했다.

나중에 안 사실이지만, 장외 주식 중개 회사 중에는 중간에서 돈만 떼먹는 양아치 같은 회사들이 엄청나게 많았다. 그럼에도 다행히 나는 운 좋게 정상적인 중개 회사를 만난 덕분에 별 문제 없이 첫거래를 마칠 수 있었다.

'장내' 주식시장은 여전히 금융위기의 여파로 급등과 급락을 반복하는 것과는 달리, 장외 주식시장의 움직임은 정말 호수처럼 잔잔했다. 하이투자증권의 주가도 거의 변동이 없어서 마음이 불안하지 않아 좋기는 했지만, 최근 몇 달 동안 다이나믹한 시장에 너무 익숙해져서인지 이러한 장외 주식시장의 잔잔함이 어느 순간부터는 따분함으로 느껴지기 시작했다.

결국, 따분함을 이기지 못하고 매수 한 지 한 달도 안 돼서 2,200원에 +10% 정도의 수익을 보고 하이투자증권 주식을 전량 매도했다. 팔 때도 살 때와 마찬가지로 게시판에 매도하고 싶다는 글을 올리고 중개 회사와 연락을 해서 매수자와 가격 협상을 하는 등의 복잡한 절차를 거쳐야 했다. 클릭 몇 번으로 주식을 사고 파는 상장 주식과 비교하면 정말 여간 귀찮은 게 아니었다.

그래도 별 탈 없이 한 달 만에 200만 원의 수익을 내니 기분이 좋으면서 '비상장 주식투자도 뭐, 별거 아니구만' 했다.

그러나 세상은 그리 호락 호락 하지 않았다. 그로부터 2년 후인 2011년, 성북 세무서에서 한 통의 전화가 걸려왔다. 2009년에 내가 하이투자증권 주식을 사고 파는 과정에서 세금 한 푼 내지 않았다며 빨리 세금을 납부하라고 했다. 갑자기 무슨 소리냐고 물으니, 비상장 주식을 사고 팔 때는 증권 거래세 0.5%, 매도 시 수익이 나면 양도소득세 20%중소기업은 10%를 내야 한다고 했다. 그동안 자동으로 증권 거래세가 계산되는 상장 주식만 거래하던 내가 당연히 알리가 만무했다.

결론은, 증권거래세와 양도소득세 그리고 2년이라는 시간을 지체한 탓에 가산세까지 더해 총 50만 원의 세금을 내야 했다. 2009년 돈 벌었을 당시면 모를까, 2년이나 지난 후에 갑자기 50만 원을 내라니 왠지 쌩 돈 나가는 것 같아 괜히 억울했다. 그래서 '좀 깎아주면 안 되냐'고 통 사정을 해 봤지만 확고한 담당자의 태도에 결국 눈물을 머금고 50만 원을 냈다. '죽음과 세금은 절대 피할 수 없다'는 말이 떠오르는 순간이었다.

대상포진에 걸리다

2009년 3월. 1월에 8,000원 대까지 올랐던 기아차의 주가는 다시 6,000원 대로 떨어졌다. 살까 말까 고민을 하다가 결국 다른 종목을 매수 했고, 그 선택은 지금까지도 내 인생의 '천추의 한'으로 남게 됐다.

2009년 4월에 1만 원을 돌파한 기아차는 그 뒤로도 파죽지세로 오르면서, 2010년 2월에는 2만 원 돌파, 그리고 1년이 지난 2011년 4월에는 무려 7만 원을 돌파하며 2년 만에 주가가 무려 10배나 폭등했다. 그때 처음 알았다. 내가 산 종목의 주가가 하락하는 것 보다 내가 사지 않은 종목의 주가가 급등하는 것이 훨씬 더 가슴 아프다는 것을 말이다.

엄마가 주식투자는 잘 되고 있냐고 물었다. 기다렸다는 듯이 약간의 과장을 섞어 그간의 성과에 대해 장황하게 이야기

했다. 엄마는 무엇보다 펀드에서의 손실을 만회했다는 말에 기뻐했고, 적금 만기 된 3,000만 원이 있다며 이 돈도 내가 한번 굴려 보라고 했다. 수익의 반은 내가 갖는 조건이었다. 손실에 대한 책임이 없는 데다 수익의 반은 내가 갖게 되니, 나로서는 전혀 거절할 이유가 없었다.

그렇게 엄마가 준 3,000만 원이 더해지며 투자금은 6,000만원으로 크게 늘어났다.

투자금이 갑자기 배로 커지니 리스크 관리가 필요하다는 생각에, 그때부터는 코스피 우량 종목 위주로 매매 포지션을 잡았다. 대부분의 우량 종목들은 이미 바닥에서 어느 정도 올라서 매수하기가 좀 부담스러웠지만, 엄마에게 받은 돈도 있고 해서 빨리 수익을 내야 한다는 조바심이 일어 이 종목, 저 종목 들쑤시며 계속 샀다 팔았다를 반복했다. 하지만 그러면 그럴수록 수익은 고사하고 잦은 매매로 인해 오히려 손실만 점점 커져 가면서 손실 금액은 어느새 1,000만 원까지 늘어났다.

커져가는 손실에 애꿎은 커피와 담배만 연거푸 마시고 펴대서인지, 언제부턴가 밥을 먹고 나면 소화가 잘 되지 않았다. 속도 조금씩 쓰려오더니만 하루는 목구멍으로 신물이 넘어오며 명치 부근이 송곳으로 찌르는 듯한 고통이 느껴지면서 커피와 담배는 물론이고 이제는 밥 먹는 것도 힘들어졌다. 약국에 가니 위염인 것 같다고 해서 약을 타다가 일주일 넘게 먹었지만 딱히 별 차도는 없었다.

그 뒤로 밤새 아픈 배를 움켜잡고 끙끙 거리다가 새벽 5시가 넘어서야 겨우 지쳐서 잠 드는 날이 한 동안 계속 됐다. 속도 아픈데 잠까지 못 자니 이러다 정말 죽을 것 같아서 결국 병원을 찾아 수면 내시경을 했고, 검사 결과 위와 십이지장에 심한 염증 소견이 나왔다. 원인은 스트레스라고 했다.

병원에서 처방 받은 약을 또 일주일 정도 먹어봤지만 여전히 차도는 없었다. 아니, 오히려 고통은 점점 더 심해져 나중에는 물 이 외에는 아무것도 입에 넣을 수가 없었다. 어찌나 고통스러운지 이렇게 사느니 차라리 죽는 게 낫겠다 싶을 정도였다. 살도 4kg이나 빠졌다.

그 죽을 것 같은 와중에도 주식투자는 계속 했다. 엄마가 날 믿고 돈도 추가로 맡겼는데, 이 좋은 장에 손실만 보고 있다는 생각을 하니 가만히 있을 수가 없었다. 죽어도 손실은 복구 해야겠다는 일념 하에 열심히 종목을 찾던 중, 우연히 '다음^{현 카}카오'에 관심을 갖게 됐다.

3월 당시에 국내 1위 포털 사이트인 네이버가 개편을 한다는 명목으로 이상하게 바뀌어 버린 일이 있었다. 그런데 이 개편이라는 것이 정말 골 때렸다. 하루 아침에 뉴스 기사의 댓글 기능이 사라져 버린 것도 모자라, 뉴스 기사를 클릭하면 광고가 덕지 덕지 붙은 언론사 홈페이지로 이동을 하는 등, 이건 개편이 아니라 그냥 개판이었다. 네이버가 망하려고 작정이라도 했나 싶었다.

네이버 뉴스 기사와 댓글 보는 재미로 살던 나였다. 그래서 친구 영근이를 만나 이런 네이버 개편에 대해 불만을 쏟아냈고, 평소에 원수 진 것 마냥 네이버를 증오하던 '다음 빠' 영근이는 이때다 싶었는지 다음의 위대함에 대해 열변을 토하며 내게 빨리 다음으로 넘어 오라고 했다.

다음은 네이버와 함께 우리나라 포털 시장을 양분하고 있는 국내 2위 포털 사이트였다. 물론 네이버의 점유율이 80%나 돼서 사실 양분을 하고 있다고 하기엔 좀 어패가 있었지만, 어쨌든 다음이 우리나라 2위 포털 사이트인 것은 분명했다.

그때 영근이가 유독 침을 튀기며 설명하던 것이 바로 '다음 지도'였다.

다음 지도는 구글의 '구글맵'을 본따 만든 지도 서비스였다. 그래서 구글의 '스트리트 뷰'와 비슷한 '로드뷰'라는 기능도 있었는데, 애초에 스트리트뷰도 접해 보지 못했던 나는 로드뷰를 처음 접하고는 적잖은 충격을 받을 수 밖에 없었다. 집에서 컴퓨터로 대한민국 방방곡곡을 볼 수 있다니, 정말 말 그대로 신세계였다. 영근이 말로는 조만간 '아이폰'이라는 것이 국내에 출시 되는데 그 아이폰에 다음 지도가 탑재 될 거라고 했다.

그동안 주식투자를 하며 인터넷 관련 기업은 의도적으로 피해온 것이 사실이었다. 인터넷 기업이라면 당연히 PBR과 PER이 높을 것이고 재무 상태 또한 엉망일 거라는 편견이 있었기 때문이다. 거기에 나의 우상인 워렌 버핏이 '기술주'를 싫어한다는 이유도 컸다.

그러나 이런 나의 편견이 무색 할 정도로 다음의 재무상태는 너무도 훌륭했다. 인터넷 기업이라 원가가 얼마 안들어서인지 이익률이 특히나 높으면서도, 그에 반해 부채비율은 또 엄청나게 낮았다.

당시에 다음 주가는 2만5,000원 대로, 다른 우량 종목들과는 달리 여전히 바닥권에 머물고 있었다. 로드뷰라는 기막힌 서비스에 매년 매출액은 크게 늘고 있고 이익도 잘 나고 재무도 좋은데 주가까지 싸니, 더 볼 것도 없다는 생각에 다음날 장이 열리자 마자 5,000만 원을 다음에 '몰빵'해 버렸다.

그렇게 다음을 매수하고 나흘 정도 지났을 때였다. 하루는 아침에 일어나는데 오른쪽 이마가 욱씬 거리는 게 느껴졌다. 만져보니 작은 혹 같은 게 나있었다. 자다가 벽에 부딪혔나 싶었지만, 시뮬레이션을 해보니 각도상 그럴 수는 없었다. 처음에는 이마만 욱씬 거리던 것이 한 시간 정도 지나면서부터는 눈썹 부근까지 욱씬 거림이 느껴졌다. 아무래도 느낌이 좋지 않아 오전 9시가 되자마자 집 근처 신경외과로 달려갔다.

이마에 난 혹을 보더니 의사 선생님은 '넘어졌냐' '누구한테 맞았냐'라는 질문 대신 '요즘 다이어트 하냐' '스트레스 받는 일 있냐' 라고 물었다. 나는 다이어트는 안 하고 요즘 스트레스 때문에 위장병이 생겨 밥을 잘못 먹는다고 말했다. 그 말에 의사 선생님은 고개를 끄덕이더니 아무래도 '대상포진'인 것 같다고 했다.

예전에 친구 동흔이가 대상포진에 걸려 무척이나 고통스러워 했던 게 생각났다. 하지만 난 조금 욱씬 거릴 뿐이지 그때 동흔이처럼 고통스러울 정도로 아프진 않아서 정말 대상포진이 맞냐고 되물었더니, 의사 선생님은 대상포진 환자들은 엄청나게 아프고 나서야 병원에 오는 것이 대부분이라며, 나처럼 대상포진 초기에 병원에 온 사람은 정말 드물다고 오히려 나를 신기해 했다.

뭐, 대상포진이면 약이나 바르면 되겠거니 했다. 그런데 의사 선생님 표정이 순간 어두워지면서 말투도 사뭇 진지해지더니만 대상포진이 생긴 자리가 좀 안좋다며, 아무래도 입원을 해야 할 것 같다고 했다. 의사 선생님 말로는, 대상포진이라는 게 바이러스성 질환인데 나처럼 이마에 대상포진이 생긴 경우는 정말 운이 안 좋은 케이스라고, 자칫 잘못하면 뇌로 바이러스가 침투 할 수가 있어 정말 심각한 상황으로까지 갈 수 있다고 했다. 그러면서 일단 바이러스가 뇌에 침투 했는지 정확한 진단이 필요하다며, 지금은 정말 위급 상황이라는 말을 특히나 강조하며 MRI 검사와 더불어 입원을 권했다.

벼락 맞은 기분이라는 게 이런 건가 싶었다. 입원하라는 말에 한참이나 말을 잇지 못하다가 겨우 입을 열어 의사 선생님에게 대상포진이 생긴 이유가 뭐냐고 물었다. 이유는 딱 하나, 면역력이 떨어졌기 때문이라고 했다. 정리를 해 보니, 주식 때문에 과도한 스트레스를 받아 위와 십이지장에 염증이 생겼고, 그 때문에 식사를 제대로 하지 못해 영양의 불균형이 생긴 탓에 몸에 면역력이 떨어져 대상포진이 생긴 것이었다. 결론은 주식 때문이었다.

MRI 검사 결과 다행히 대상포진 바이러스가 뇌까지는 침투하지 않았다. 그러나 의사 선생님은 아직은 안심하기에 이르다며 집중 치료를 위해서는 입원이 불가피 하다면서 빨리 입원 수속을 밟으라고 연신 겁을 줬다. 결국, 의사 선생님의 '반 협박'에 못 이겨 입원을 하기로 하고 휴대폰 충전기와 세면도구 등의 '입원 준비물'을 챙겨오기 위해 나는 다시 집으로 갔다.

　집으로 가기 위해 미아리 고개를 건너는데 문득 '그깟 주식이 뭐라고 내가 이렇게까지 됐나' 싶어 괜히 마음이 서글퍼졌다. 그러면서 이제 돈이고 주식이고 간에 다 부질 없다는 생각이 들어, 집을 나서기 전 컴퓨터를 켜서 다음 주식을 2만3,000원 대에 −2%의 손실을 보고 전량 손절매 쳐 버렸다.

　병원에 도착해 입원 수속을 밟은 후 병실로 올라가 환자복으로 갈아 입었다. 거울에 비친 환자복을 입은 내 모습을 보니 참 가관도 아니었다. 저녁에 퇴근 후 의사와 면담을 하고 온 엄마는 대상포진이 이렇게까지 요란 떨 병은 아닌데 하면서, 아무래도 의사가 과잉진료를 한 것 같다고 했다. 하지만 이미 입원 수속까지 마친 상태라 별 수 없다며 이왕 이렇게 된 거 며칠 푹 쉬라고 했다.

아침부터 하루 종일 링거를 맞으며 하루 3번씩 이마에 연고를 발랐다. 약사인 엄마는 링거 병의 라벨을 보더니 지금 내가 맞고 있는 게 '비타민'이랑 '포도당'이라며 과잉진료가 확실하다고 웃으며 말했다. 그래도 연고와 영양제 덕분인지 아니면 원래 며칠 지나면 자동으로 낫는 건지는 몰라도, 다행히 하루 만에 이마에 있던 대상포진은 조금씩 누그러졌고, 그렇게 입원 한 지 이틀 만에 나는 퇴원을 할 수 있었다.

몸 상태가 좋아지니 다시 주식 생각이 났고, 다시 다음 주식을 재매수 해야 겠다는 생각에 집에 오자마자 바로 컴퓨터를 켜고 HTS를 실행했다.

'이런××…' 나도 모르게 입에서 욕이 튀어 나왔다. 하필이면 내가 입원을 했던 그 이틀 사이에 코스피와 코스닥이 급등을 했기 때문이었다. 입원 직전 2만3,000원 대에 손절매 했던 다음 주가도 어느 새 2만7,000원 대로 급등해 있었다.

마음이 착잡 했지만 지금까지의 패턴상 곧 다시 하락 할 거라고 믿었다. 하지만 그 뒤로 하락은 없었다. 하락은 커녕, 2008년 10월 금융위기 이후로 지지부진했던 증시가 드디어 기지개를 펴고 대세 상승을 시작하면서, 다음을 포함한 내 관심 종목에 있던 모든 종목들까지도 모조리 급등해 버렸다.

현금 100%였던 나는 '닭 쫓던 개, 지붕 쳐다보는 것' 마냥 매일 멍하니 급등하는 주식을 지켜만 볼 수 밖에 없었다. 돌이켜 보면 그때라도 무조건 들어갔어야 했지만, 이미 급등해 버린 주식을 추격 매수 할 용기가 그때의 나에겐 없었다. 물론, 지금도 없다.

그 뒤로도 꾸준히 주가가 상승한 '다음'은 2년 후인 2011년 10월에는 무려 14만 원까지 폭등을 해 기아차와 함께 나의 '천추의 한' 리스트에 오르게 됐다.

퇴원 이후로도 의사의 과잉 진료에 대해 의문을 품었던 엄마는 결국 보험사에 항의를 했고, 보험사 자체 조사 결과 과잉 진료가 인정이 되면서 치료비 중 일부분을 돌려 받을 수 있었다. 하지만 이미 '닭 쫓던 개'가 된 내게는 그 의사가 그저 원망스러울 뿐, 아무 의미가 없었다.

그리고 다른 의사 선생님 말로는 대상포진 바이러스는 의학적으로 절대 뇌로 침투 할 수가 없다고 했다.

옥탑 사무실을 구하다

주식투자를 전업으로 해 본 사람들은 공감하는 것이 있다. 주변의 시선이 그다지 곱지가 않다는 거다. 금융 선진국이라 불리우는 미국이나 유럽은 어떤지 모르겠지만, 아직까지 대한민국에서는 주식투자를 직업으로 한다는 것은 그냥 '저 백수예요'라는 말과 동일시 되는 것이 현실이었다. 우리나라 사람들의 보편적인 기준에서는 모름지기 '일'을 한다고 하면 정장을 입고 아침에 사무실로 출근해서 최소 오후 6시까지는 일하고 퇴근 하는 것으로, 매년 늘어나는 공무원 응시생 숫자만 봐도 확실히 우리나라에서는 돈 자체보다는 남들에게 어떻게 비춰지는 지가 더 중요한 듯 했다.

본격적으로 전업투자를 시작한 2008년 11월 이후로 주식투자로 나름 돈벌이를 하며 살았다. 물론 중간에 이래저래 손실을 입거나 엄마 돈을 추가로 받긴 했지만, 그래도 쓸 것 다 쓰면서도 초기 투자금 이상은 항상 유지를 하며 내 스스로는 '그 누구보다 열심히 살고 있다'는 자부심도 있었다. 하지만 나의 이런 생각과는 달리 집에서는 나이도 어린 놈이 아침부터 하루 종일 주식투자에만 매달려 있는 것이 못마땅 한 듯 했다. 대상포진으로 병원에 입원한 이후로는 더욱 그렇게 느껴졌다.

한국일보에서 아르바이트를 할 때 알게 된 현민이라는 동생이 있다. 현민이는 러시아에서 초·중·고를 나와 러시아어는 '네이티브' 수준이었다. 나보다 2살 어렸지만 나처럼 음악을 좋아했고, 또 주식투자에도 관심이 많아 우리는 음악과 주식 이야기로 쉽게 친해 질 수 있었다.

오랜만에 현민이를 만나 요즘 내 이러한 고충을 털어 놓았더니, 당시에 러시아어 번역 일을 하고 있던 현민이도 마침 사무실이 필요하다고 해서 우리는 의기투합하여 같이 사무실을 구해보기로 했다. 처음에는 인터넷으로만 찾아보다가 온라인의 한계를 느껴 직접 발품을 팔아보기로 하고, 그렇게 찾아간 곳이 을지로였다. 우리가 굳이 을지로를 택한 이유는 현민이나 나나 둘 다 집에서 다니기에 교통이 나쁘지 않았고, 또 유동 인구가 종로나 명동과 같은 번화가에 비해 적은 편이라 사무실 임대료가 비교적 저렴할 것이라는 생각에서였다.

보증금 500만 원에 월세 40만 원을 한도로 정하고 부동산 중개 사무소를 일일이 돌아다녔지만, 그 가격으로 볼 수 있는 사무실은 사실상 전무했다. 그나마 하나 있다고 해서 설레이는 마음으로 부동산 아저씨를 따라가보니, 지은 지 족히 40년은 넘어 보이는 허름하다 못해 처참하기까지한 건물 하나가 우리를 기다리고 있었다. 그냥 돌아갈까 하다가 이왕 온 거 한번 보고 가기로 하고 내부는 깔끔할 것이라는 희망을 갖고 우리는 금방이라도 무너질 것 같은 건물 안으로 들어갔다. 예상은 했지만 역시나 엘리베이터는 없었고, 여기 저기 금이 가 있는 계단으로 4층까지 올라가니 쓰레기가 널부러져 있는 복도 너머 저 끝에 부동산 아저씨가 말한 사무실이 있었다. 문을 열고 들어가니 안은 더 처참했다. 전등은 죄다 깨져 있는 데다 창문도 망가져 대충 계산해도 이것 저것 손보다 보면 월세보다 수리비가 더 나올 판이었다.

그 와중에 갑자기 바람 때문인지 '우웅~' 하는 소리와 함께 진동이 느껴지는데 너무 놀란 나와 현민이는 '일단은 살고 보자'는 생각에 그대로 도망치듯 건물에서 뛰쳐 나왔다.

그 뒤로도 며칠 동안 다른 동네를 돌아다녀 봤지만, 위치가 마음에 들면 가격이 안 맞고, 가격이 맞으면 위치나 사무실이 마음에 안 들었다.

그렇게 사무실 구하는 것에 슬슬 지쳐 갈 때 쯤, 문득 '꼭 사무실을 구할 필요가 있나' 하는 생각이 들었다. 주식투자를 하든 러시아어 번역을 하든 간에 컴퓨터랑 인터넷만 있으면 되지, 굳이 사무실이어야 할 필요는 없잖나?

그때부터 사무실이 아닌 원룸을 알아 보기로 하고, 아무래도 대학교 근처에 싼 방이 많을 것 같아서 우리는 바로 신촌으로 갔다.

신촌역에서부터 이대역까지 몇 시간에 걸쳐 훑어본 끝에, 드디어 가격이 저렴하면서도 마음에 꼭 드는 방을 하나 발견했다. 이대역 6번 출구에서 서강대 쪽으로 올라가는 대흥동 언덕배기 주택가에 위치한 옥탑방이었다. 방 크기는 7평 정도로 그리 넓진 않았지만, 그래도 작은 부엌에 베란다, 화장실까지 딸려 있었다. 무엇보다 이 옥탑방이 마음에 들었던 것은 단독으로 옥상 전체를 사용 할 수 있기 때문이었다.

원래는 보증금 300만 원에 월세 30만 원이었지만 주인 아주머니께 졸라 보증금 200만 원에 월세 28만 원으로 계약을 하고 부동산에는 중개수수료로 10만 원을 줬다.

2009년 4월. 인터넷에서 산 책상과 의자 2세트와 책장, 그리고 식사를 하거나 커피를 마실 수 있는 작은 원형 테이블이 다행히 입주 날에 맞춰 도착했다. 현민이와 나는 땀을 뻘뻘 흘리며 물건과 집기들을 옥탑방까지 날랐다. 책상과 의자를 배치하고 컴퓨터를 세팅한 후에 심심할 때 치려고 가져온 일렉기타와 앰프를 벽 한 구석에 진열 하는 것을 끝으로 드디어 우리의 사무실이 완성됐다.

나도 여느 직장인들처럼 오전에 옥탑 사무실로 출근하는 생활이 시작됐다. 출근 시간대와 겹치는 통에 지옥 버스 안에서 몸은 좀 고생 했지만, 그래도 집에서 눈치 안보고 주식투자를 할 수 있어 마음은 한결 편했다.

옥탑방에 도착하면 나는 주식투자를 했고, 현민이도 주식투자를 하며 번역 일을 했다. 그렇게 각자 할 일을 하다가 12시 정도 되면 우리는 점심을 먹었다. 주로 옥탑 사무실 근처에 있는 '한솥 도시락'에서 도시락을 사다 먹었다. '도련님'부터 해서 '치킨마요' '장모님' '동백' 등 메뉴판에 있는 건 정말 다 먹어 본 것 같다. 그러다 도시락이 물리면 서강대학교 학생 식당에서 먹기도 했다.

옥탑방의 가장 큰 장점은 역시 넓은 마당이 있다는 거였다.

우리는 이틀에 한번 꼴로 저녁마다 마당으로 테이블을 가져다 놓고 맥주를 마셨다. 저녁 노을이 지는 광경을 보며 마시는 맥주는 그야말로 꿀맛이었다. 그러다 취기가 돌면 기타를 치며 노래도 불렀다.

　행복했다. 이런 날이 계속 되기를 바랐다.

미수거래를 하다

2009년 5월. 옥탑방까지 얻었지만 장이 안 좋아서인지 아니면 내가 실력이 없어서인지는 몰라도 수익이 영 나질 않았다. 아무래도 회심의 한방이 필요하다는 생각을 하던 중, 급등장에서도 오르지 못한 불쌍한 코스피 우량주 하나를 발견했다. KT&G였다. 이게 대박으로 가는 막차라는 생각에 매수가 7만3,000원에 가지고 있던 5,000만 원을 전부 몰빵했다. 그런데, 이게 지옥으로 가는 막차일 줄이야….

매수한 이후로도 2주 내내 하락만 하던 KT&G는 결국 5월 말이 되어서는 주가가 6만5,000원까지 떨어졌다. 그러나 주가 하락보다 나를 더 짜증나게 하는 건 KT&G의 움직임이 타 종목에 비해 너무 무겁다는 것이었다. 올라도 1%, 떨어져도 1% 인데다 급등장이라고 다른 종목 다 오를 때도 '경기 방어주'라는 명목으로 혼자만 떨어지는데, 진짜 사람 짜증나게 만드는 종목이었다. 이제 슬슬 방세를 내려면 어느 정도 주식을 현금화 해야 되는데 KT&G는 계속 떨어지기만 하니 정말 돌아버릴 것 같았다.

2009년 6월. KT&G 주가가 좀 올라가나 싶더니만 역시나 다시 하락세로 돌아섰다. 그러다 하루는 주가가 무려 3%나 떨어졌다. 다른 종목도 아니고 KT&G가 3%나 빠진다는 건 보통 심각한 일이 아니었다. 뉴스를 찾아보니 한 증권사에서 KT&G의 성장 모멘텀이 부족하다는 의견을 낸 탓이었다. 불난 집에 부채질하는 것도 아니고 여의도로 달려가 진짜 그 애널리스트 멱살이라도 잡고 싶었다.

옥탑방을 얻은지도 어언 2달 가까이 됐다. 그러나 KT&G에 발이 묶여 버린 탓에 제대로 된 투자 한 번 해보지 못하고 시간만 계속 흘러갔고, 또 월세를 내야 하는 날짜가 다가오는데 설상가상으로 생활비마저 떨어져가면서 마음은 더 초조해져 갔다.

주식 한다고 방까지 얻었는데 이 모양 이 꼴이라 괜히 현민이 보기에도 민망했다. 왜 이 종목을 사서 이 고생을 하고 있는 건지, 떨어진 가격에 물타기라도 하고 싶었지만 이제 남은

현금도 없어 한숨만 절로 나왔다.

그렇게 장 마감 시간을 30분 정도 남겨 놨을 때, 내게 '미수거래'라는 악마가 찾아왔다.

미수거래는 전체 주식 매입대금의 30% 이상에 해당하는 증거금을 내고 주식을 외상으로 사는 제도로, 증권사에 예치한 현금과 주식을 담보로 최대 2.5배까지 주식을 살 수 있어서 단기 상승을 예상하는 투자자들이 레버리지를 이용하여 큰 수익을 내기 위해 많이 이용했다. 문제는 이틀 뒤인 결제일까지 돈을 갚지 않으면 반대매매가 들어오는 등, 리스크가 워낙 커서 주식투자에서 미수거래는 절대 금기시 되는 것 중에 하나였다.

나 또한 미수거래의 위험성에 대해 익히 들어서, 하늘이 두쪽 나도 미수거래 만큼은 절대 하지 않으리라 다짐했었다. 하지만 손실에 눈이 뒤집힌 놈 앞에서는 다짐이고 뭐고 없었다.

결국 악마의 유혹을 참지 못하고 미수로 빌린 3,000만 원으로 KT&G를 물타기 하면서, KT&G 한 종목에만 8,000만 원이라는 거금이 들어가게 됐다. 평균 매수가는 7만2,000원이었다.

금요일에 미수거래를 했으니 늦어도 '다음주 화요일까지

3,000만 원 갚으면 되겠지'하고 쉽게 생각 했는데 이 신용거래가 주는 압박은 상상 이상이었다. 주말 내내 마음이 불안해 감히 어디 나갈 생각은 하지도 못하고 하루 웬 종일 집 안에만 쳐 박힌 채 KT&G 게시판만 들락 날락 거렸다. 자려고 누웠다가도 아무래도 불안한 마음에 새벽에 다시 일어나 컴퓨터를 켜고 KT&G 게시판에 들어가서 월요일에는 주가가 상승할 거라는 희망적인 글을 몇 개 찾아 보고 나서야 겨우 마음이 진정돼 잠자리에 들 수 있었다.

제발, 월요일에 주가가 상승 하기를 빌고 또 빌었다.

그렇게 빌었것만, 월요일에 KT&G 주가는 결국 −1% 하락으로 장을 마감했다. 그리고 화요일에도 시초가부터 하락을 하던 KT&G는 오후 들어서도 계속 하락을 거듭했다. 장 마감을 2시간 정도 남겨뒀을 때 '오늘까지 빌린 돈을 갚아야 한다'는 압박감에 못 이겨, 결국 800만 원의 손실을 입고 KT&G 주식을 전량 손절매 했다.

엄청난 손실에 패배감과 좌절감이 들면서 뱃속에서는 스트레스로 인해 위산이 뿜어져 나왔다.

주식투자에 실패해서 인지, 마냥 좋기만 하던 옥탑방도 시간이 점점 지나면서 점점 문제점들이 하나 둘 씩 보이기 시작했다.

첫 번째는 방 안이 너무나 더웠다. 5월 중순부터 슬슬 더워지기 시작하더니만 지붕으로 직사광선을 그대로 받아서인지 6월이 되면서는 정말 심각할 정도로 더웠다. 오전 11시밖에 안 됐는데도 방 안은 열기로 가득차면서 아예 사우나가 되어 버렸다. 공기 자체가 뜨거워 선풍기도 소용 없었다. 벽에 에어컨이 달려 있긴 했지만, 에어컨은 전기료가 많이 나간다는 생각에 감히 틀 생각도 못했었다.

두 번째는, 너무 따분했다. 차라리 상따상한가 따라잡기나 데이 트레이딩이라도 했으면 모를까, 최소 일주일 이상은 들고 가는 스윙 투자를 하는 탓에 하루 종일 모니터를 보고 있을 필요가 없으니 주식 살 때와 팔 때 말고는 남는 시간에 딱히 할 게 없었다. 다른 전업투자들 얘기를 들어 보면 종목 발굴을 하거나 공부하는 것만으로도 하루가 눈 코 뜰 새 없이 바쁘다고들 하던데, 난 이상하게도 항상 시간이 남아 돌았다. 더군다나 KT&G에 물린 이후로는 주가가 오르길 기도하는 것 말고는 할 수 있는 게 아무 것도 없어서, 오전부터 옥탑방에 나가봤자 점심에 밥 먹고 하루 종일 인터넷 서핑 하거나 영화 보다 보니, 저녁에 집에 가는 버스 안에서 '나 오늘 뭐 한거지'하며 괜한 허탈감만 늘어 갔다.

마지막으로, 월세도 은근 부담이었다. 처음에는 고작 28만 원, 그것도 현민이랑 분담해서 내는 거라 크게 부담이 없을 거라 생각했지만, 공과금에 점심비에 교통비에 통신비까지 더하니 생각보다 월 지출이 만만치 않았다. 물론 주식 투자만 잘 됐으면 이 정도 금액 쯤이야 문제가 안 됐겠지만, 어쨌든 현실은 그랬다.

결국 현민이와 논의 끝에 6월 중순에 옥탑방을 빼기로 결정했다. 그리고 옥탑방에서의 마지막 날에 현민이와 옥상 마당에서 맥주를 마시며 아쉬움을 달랬다. 나중에는 꼭 오피스텔에 사무실을 구하자는 이야기를 하며…

유상증자를 맞다

2009년 7월. 옥탑방을 뺀 뒤로 백팩에 노트북을 들고 다니며 매일 정독 도서관으로 출근했다. 원래는 오래된 구형 노트북을 쓰다가 무겁긴 엄청 무거운 것이 성능은 또 거지 같아서 주식하는데 자꾸 버벅 거려, 안 되겠다 싶어 당시에 유행하던 10.1인치 '넷북'을 하나 샀다. 화면이 많이 작긴 했지만, 그래도 가벼워서 나름 만족했다.

정독 도서관 2동 건물 3층에 있는 '노트북 열람실'에서 주식 투자를 했다. 노트북 열람실은 책상이 사면의 벽을 두른 형태로, 각 책상 위에는 전기 콘센트와 인터넷 선이 하나씩 놓여져 있었다. 20명 정도는 앉을 수 있었지만 조금만 늦어도 자리가 꽉 찰 정도로 인기가 많아 최소 9시 전까지는 도착해야 겨우 자리 하나를 차지 할 수 있었다.

내 주식 매매 스타일 상 '듀얼 모니터'까지는 필요 없었지만, 차트 창이라도 하나 띄워 보려면 다른 창 하나를 닫아야 하는 등, 확실히 10.1인치 넷북으로 주식투자를 한다는 게 여간 불편한 것이 아니었다. 그래도 월세 압박이 없는 것 만으로도 감지덕지라는 생각에 그 정도 불편함은 감수할 수 있었다.

사실, 그보다는 아침 일찍부터 도서관에서 주식이나 하고 있는 내 모습이 다른 사람들에게는 어떻게 비춰질까 싶어서 괜히 눈치가 보였다. 그래서 처음에 한동안은 내 뒤로 사람이 지나간다 싶으면 행여나 주식하는 걸 들킬까봐 나도 모르게 주식창을 황급히 닫곤 했었다.

2주 정도 다녀보니 노트북 열람실을 이용하는 사람들은 딱 2가지 부류라는 것을 알게 됐다. 하나는 인터넷 강의를 듣는 부류, 그리고 다른 하나는 나와 같이 주식투자를 하는 부류였다. 생각보다 '동지'가 많다는 사실에 왠지 모를 안도감이 느껴지면서, 그때부터는 눈치 안 보고 마음 편하게 주식투자를 할 수 있게 됐다.

KT&G에서 미수거래로 큰 손실을 본 이후로는 주로 당일에 사서 당일에 파는 '데이 트레이딩'을 했다. 매일 오를 만한 종목을 찾는다는 것이 쉽지는 않았지만, 그래도 '오버 나잇'을 하지 않으니 밤에 잠 만큼은 편하게 잘 수 있어서 좋았다. 그리고 마음이 편해서인지 확실히 전 보다 수익도 잘 났다.

당시에 거래했던 종목은 유비케어, 위즈정보기술, 고영, 엠텍비전 등으로 수익내고 매도한 이후에도 관심 종목에서 지우지 않고 사골 마냥 최대한 우려 먹으며 계속 사고 팔고 했더니 2주일 만에 약 500만 원의 수익을 낼 수 있었다.

수익을 좀 내니 슬슬 배가 불러서인지, 이렇게 매일 단타만 치는 것이 왠지 좀 그랬다. 그래도 내가 명색이 '가치투자자'인데, 이제 KT&G에서의 손실도 어느 정도 만회했겠다, 또 마침 피터 린치의 '월가의 영웅'이라는 책을 감명 깊게 읽기도 해서 다시 한 번 가치투자로 승부를 걸어보고 싶었다.

피터 린치처럼 누구나 아는 대형 우량주가 아니라 아무도 주목하지 않고 정말 보잘 것 없는, 소외된 흙 속의 진주 같은 종목으로 대박을 한 번 치고 싶다는 생각에 찾게 된 종목이 '일신바이오'였다.

일신바이오는 냉동장비 중에서도 동결 건조기를 만드는 회사였다. 원래 '일신랩'이라는 상호를 썼다가 산업용 냉장 냉동 장비를 만드는 회사임에도 불구하고 사람들이 가정용 랩을 만드는 회사로 오해를 한다는 이유로 2009년 6월 현재의 일신바이오^{베이스}로 회사명을 변경했다.

동결 건조기는 식품을 얼린 채로 건조시켜 신선함을 유지하면서도 영양소 파괴를 최소화하는 장비였다. 의약품은 물론 인스턴트 식품까지 폭 넓게 사용할 수 있어서 제약·식품 회사들이 주거래처였다. 국내 동결 건조기와 초저온 냉동고 시장의 약 80%를 수입 제품이 차지하고 있는 상황에서 일신바이오는 자체 기술로 국산화에 성공하여, 국내 주요 기관들을 상대로 꾸준히 매출이 확대하고 있었다.

사업성 좋고 PER도 낮고 재무 상태도 괜찮은데 시가총액은 고작 200억 원 대에 불과해, 이거 잘만 하면 2배 이상은 먹을 수 있겠다 싶었다.

일주일 간 분할 매수로 평균 매수가 2,200원에 가지고 있던 5,000만 원 전부를 일신바이오에 몰빵했다. 이 몰빵이라는 것도 처음에만 좀 그렇지, 계속하다 보니 쫄리는 마음도 점점 무감각해져 갔다.

매수할 때부터 느꼈던 거지만 일신바이오도 KT&G 못지 않게 무척이나 따분한 주식이었다. 매수한지 2주가 지났음에도 주가는 매수한 가격대에서 조금도 움직이지 않았다. 2009년 당시도 '바이오'가 대세여서 다른 바이오 주들의 주가는 잘만 올라가는데도 혼자만 요지부동이었다. 이러다 또 KT&G 꼴 나는 거 아닌가 싶어 손절매를 하려 했지만 거래량이 워낙 적은 탓에 팔려고 물량을 내놔도 팔리지가 않으니 정말 환장할 노릇이었다.

2009년 8월. 일신바이오가 드디어 움직이기 시작했다. 2,200원에서 갑자기 2,500원을 넘더니만 8월 말에는 거의 3,000원 가까이 올랐다. 갑자기 주가가 오르는 것을 보니 혹시나 다시 떨어질까 무서워 계좌에 +30%의 수익이 찍히는 것을 보자마자 일신바이오를 전량 매도해 버렸고, 그렇게 1,500만 원의 수익이 나면서 5,000만 원의 투자금은 6,500만 원이 됐다.

일신바이오는 내가 팔고나서 며칠 후에 다시 2,000원 대로 떨어졌다. 역시 소외주는 만년 소외주라는 생각에 그날 이후로 일신바이오를 관심종목에서 아예 지워 버렸다.

하지만 그러면 안 되는 거였다.

그로부터 1년도 안된 2010년 5월의 어느 날, 우연히 인터넷에서 '김정환'이라는 슈퍼개미가 경영참여 목적으로 일신바이오 지분을 취득했다는 기사를 보게 됐다.

'에이, 설마…' 일신바이오의 주가를 확인해 봤다. 5,000원 대였다. 진짜, 눈물이 날 것 같았다. 그런데 그게 끝이 아니었다. 2달 후인 7월에는 주가가 2배나 더 뛰어서 1만 원까지 오른 것이다. 그렇게, 일신바이오도 내 천추의 한 리스트에 오르게 됐다.

2009년 9월. 여전히 도서관으로 출퇴근하는 생활을 이어 가던 중에 대학 때 음악 동아리 활동을 같이 하던 친구가 공연을 하자는 연락이 왔다. 2달 가까이 도서관으로 출 퇴근하며 주식투자만 하는 생활이 슬슬 지겨워지고 있던 터라 난 기꺼이 친구의 제안을 받아 들였다.

악기까지 연주해야 하는 밴드 공연인데 10월 말인 공연 날까지는 한 달 밖에 남지 않아 시간이 절대적으로 부족한 상황이었다. 그래서 당분간 주식은 신경 끄고 공연 연습을 해야겠다는 생각에 당시에 가장 관심있게 지켜보던 빅텍이라는 종목에 매수가 3,200원에 6,500만 원을 전부 몰빵 했다.

빅텍은 항해용 무선기기 및 측량기구 제조업체로, 주로 군수 물품을 만드는 회사였다. 그래서 전쟁 테마주로도 분류 되기도 했다. 그러나 내가 빅텍에 관심을 갖게 된 이유는 'RFID'라는 기술 때문이었다.

RFID Radio-Frequency Identification 란 전파를 이용하여 먼 거리에 있는 정보를 인식하는 기술이다. 바코드 기술과 비슷하지만 빛이 아닌 전파를 이용하기 때문에 바코드와는 달리 원거리에서도 태그를 읽을 수 있는 데다, 심지어는 물체와 물체 사이를 통과하여 정보를 수신 하는 것도 가능했다.

빅텍은 이 RFID 기술을 이용한 '자전거 주차장 시스템' 특허를 가지고 있었다. 자전거 테마주는 2009년 당시 최고의 테마주여서 조만간 못해도 2배 이상은 뛸 거라 기대가 됐다.

빅텍을 매수하고 2주일 정도 지났을 때, 인터넷 뉴스를 보다가 우연히 빅텍의 공시를 보게 됐다.

〈빅텍, 130억 원 규모 유상증자 결정〉

"빅텍은 18일 130억 8,100만원 규모의 시설자금 등을 마련하기 위해 신주 535만주를 발행하는 주주 배정 후 실권주 일반공모 유상증자를 실시키로 했다고 공시했다.

신주의 배정기준일은 다음달 7일이고, 예정발행가는 2,060원이다. 구주주의 청약일은 오는 11월 3일과 4일이며, 납입일은 오는 11월 12일이다.

신주의 상장 예정일은 오는 11월 24일이고, 주주배정 후

실권주는 일반공모 처리하여 이후의 실권주는 대표주관사인 한화증권이 인수한다."

유상증자? 무슨 말인지 몰라 인터넷을 찾아봤다.

증자는 기업이 주식을 추가로 발행해 자본금을 늘리는 것을 말하며, 증자에는 새로 발행하는 신주를 돈 주고 사는 유상증자와 공짜로 나눠주는 무상증자가 있다.

현재 주가에 총 주식 수를 곱하면 그 기업의 시가총액이 되는데, 무상증자의 경우 주식 수가 늘어나는 만큼 주가가 떨어지기 때문에 결과적으로 주주들 입장에서는 전혀 변한 게 없는데도 주식 수 늘어나 유동성이 풍부해진다는 이유로 시장에서는 호재로 인식되어 보통은 무상증자 공시 이후 주가가 급등을 하는 것이 정석이었다.

그러나, 유상증자의 경우는 반대였다. 유상으로 증자에 참여하지 않는 이상 주주들 입장에서는 늘어나는 주식 수 만큼 기존의 주가가 희석 될 수 밖에 없어 시장에서는 악재로 여겨졌다.

당시 시가총액이 540억 원이던 빅텍의 총 주식 수는 약 1,800만 주로, 여기서 유상증자로 인해 주식 수가 600만 주가 늘어나게 되면 총 주식 수가 2,400만 주가 되고, 늘어난 주식 수 만큼 주가가 희석 되어 3,000원 짜리 주식이 하루 아침에 2,250원이 되는 것이니, 기존 주주들 입장에서는 그야말로 재앙이었다.

유상증자 공시가 뜨자마자 빅텍 주가는 급락을 하며 결국 하한가로 장을 마감 했다. 그리고 그 다음주 월요일, 또 하한가로 떨어질까 무서워 장이 시작되자 마자 20%가 넘는 손실을 보고 빅텍을 모두 손절매 해 버렸다.

그렇게 두달 고생해서 번 1,700만 원 중에 1,300만 원이 유상증자 한 방으로 이틀만에 날아갔다.

현대중공업에 투자하다

빅텍에서 1,300만 원을 날린 이후로 며칠 동안 반쯤 넋이 나간 사람마냥 살았다. 인생이라는 게 참 덧없이 느껴지면서 그냥 세상만사가 다 귀찮았다. 그래서 공연도 확 때려 칠까 하다가 주식도 망한 마당에 이거라도 안 하면 정말 울적할 것 같아서 꾹 참고 억지로 연습을 하러 다녔다.

오랜만에 고등학교 친구인 동흔이와 동휴를 만났다. 그런데 동흔이가 날 물끄러미 보더니만, 왜 이렇게 표정이 썩었냐며 무슨 일 있냐고 물었다. 최대한 티를 안 내려고 했는데 원래 눈치 빠른 놈이라 그런지 보자마자 간파한 듯 했다.

예전에는 친구를 만나면 말도 많고 농담도 곧 잘했었는데, 주식투자를 하면서부터는 내 스스로도 느껴질 만큼 나는 점점 우울한 사람이 되어 갔다. 정확히는 KT&G에서 손실이 난 이후부터였고, 빅텍에서 더 큰 손실이 나면서 우울함은 한층 더 심해져갔다.

그래도 며칠 노래 부르고 기타도 치고 하다 보니 멘탈이 조금씩 회복이 되어가면서, 빅텍에서 날린 1,300만 원을 되찾고 싶다는 갈망이 스멀 스멀 올라왔다. 애초에 내 돈이 아니었다 생각하며 어떻게든 잊어 보려고 했지만, 한번 계좌에 꽂혔던 돈이라 그런지 쉽사리 미련이 떨쳐지지가 않았다. 진짜, 그 돈만 생각하면 어찌나 열불이 나던지 밤에 잠도 잘 안 왔다.

다시 한 번 승부를 걸어보기로 했다.

2009년 9월. 전체적으로 증시가 많이 오르긴 했지만 아직까지 바닥을 기는 주식들도 더러 있었다. 특히나 코스닥에 그런 종목들이 많았다. 하지만 빅텍에서의 유상증자 충격이 아직 가시질 않아 코스닥 종목과 시가총액이 작은 종목들은 일단 관심 종목에서 제외시키기로 하고 코스피 대형주 중에서 찾아보다가 다른 대형 종목들에 비해 주가가 많이 떨어져있는 금호산업과 현대중공업이 눈에 띄었다.

금호산업이 고점 대비 하락 폭이 워낙 커서인지 처음에는 현대중공업보다 금호산업이 더 끌렸다. 그러나 주가가 유독 많이 떨어져있는 것도 그렇고, 팍스넷 금호산업 게시판에 곧 회사가 망할 거라는 글이 많은 것도 마음에 걸려, 결국 현대중공업을 사기로 하고 현대중공업에 대한 공부를 시작했다.

현대중공업은 언제나 '세계 1위 조선회사'라는 수식어가 붙는 회사였다. 그도 그럴 것이, 현대중공업의 울산 조선소는 야드 2개와 대형도크 9개를 갖춘 세계에서 가장 큰 조선소로, 그 크기가 무려 여의도 면적의 3배에 달하는 180만 평600만 ㎡이나 됐다. 현대중공업 만큼은 아니었지만 거제도에 있는 삼성중공업과 대우조선해양의 조선소 크기도 만만치 않았다. 그래서 2000년 대 초반에 조선 업황이 초호황 싸이클로 접어 들었을때 대부분의 수혜를 우리나라 조선소들이 입게 된 이유도 '조선 빅3'라 불리우는 이 세 회사들의 엄청난 규모의 경제 덕분이었다. 당시에 주가도 엄청나게 뛰어서 2004년까지만 해도 3만 원 밖에 안하던 현대중공업 주가는 조선 업황이 최절정에 달하던 2007년에는 무려 55만 원까지 올랐다.

그러나 영원할 것만 같던 조선업 호황은 2008년 금융위기가 터지면서 허무하게 끝이 났다. 주가도 빠르게 떨어져 금융위기가 절정이던 2008년 10월 말 현대중공업 주가는 11만 원까지 폭락했다. 그 뒤로 어느 정도 반등을 하긴 했지만 내가 관심을 가졌던 2009년 9월 당시 주가는 고작 18만 원으로, 2007

년 최고점 대비 '반의 반토막' 밖에 안 됐다.

현대중공업이 선박 만드는 회사로 알려져 있지만 사업 포트폴리오를 보면 조선이 매출에서 차지하는 비중은 고작 40%였다. 그 외에는 기계·플랜트·에너지 등과 같은 '비조선 사업'들로 매출 비중이 고루 매꿔져 있어 사실상 중공업 회사로 보는 게 맞았다.

현대중공업은 조선 비중이 80% 이상을 차지하는 삼성중공업이나 대우조선해양에 비해 그 비중이 현저히 낮았을뿐더러, 추후에는 조선 매출 비중을 30%대까지 낮춘다는 계획과 함께 태양광, 풍력 발전 등 미래 먹거리 사업에 대한 투자도 아끼지 않아, 공부하면 공부할수록 정말 괜찮은 회사라는 생각이 들었다.

그렇게 나도 모르게 현대중공업에 취해서인지, 정신을 차리고 보니 어느새 매수가 18만 원대에 3,500만 원이라는 돈이 현대중공업에 들어가 있었다.

2009년 9월 30일. 안 되는 놈은 역시 뭘 해도 안 되는 거였다. 세계 3위 해운사인 프랑스의 CMA CGM사가 '모라토리엄' 선언을 했다. 모라토리엄은 '채무지불유예'라는 말로, 채무에 대해 일정기간 동안 상환을 연기하겠다는 뜻이었다. 참고로 '디폴트'라는 용어도 있는데, 이건 돈도 없고 갚을 생각도 없으니 그냥 배째라는 말이었다.

프랑스 CMA CGM사의 모라토리엄 선언으로 현대중공업 주가가 이틀 만에 −10% 이상 빠지자 이성을 잃은 나는 남은 2,000만 원도 전부 현대중공업에 몰빵해 버렸다. 빅텍에서의 손실을 교훈 삼아 '앞으로는 절대 몰빵 하지 않겠다'는 나의 다짐은 그렇게 내적 갈등 한 번 없이 무너졌다.

너무 성급한 투자를 한 게 아닌가 싶어 좀 찜찜하긴 했지만, 그래도 마음 한켠에는 현대중공업이 우리나라 대표 기업 중 하나이니 조만간 크게 한번 올라 줄 거라는 기대감이 있었다.

그러나 무모한 투자는 역시 화를 부르기 마련이었다. 현대중공업에 추가 몰빵한 이후로 마치 짜기라도 한 것처럼 언론에서는 연일 조선업 불황에 대한 기사를 쏟아냈다. 그 때문인지 현대중공업 주가는 연거푸 하락을 거듭하더니 결국 11월에 들어서면서는 주가가 16만 원 대까지 떨어졌다.

그리고 설상가상으로 결정타가 터졌다.

2009년 11월 27일. 두바이의 국영 개발 회사인 '두바이 월드' 마저 모라토리엄 선언을 해 버린 것이다. 언론에서는 기다렸다는 듯이 두바이 월드의 모라토리엄 선언 여파로 중동 국가에서 해외 플랜트 사업을 하고 있는 국내 건설사와 조선사들이 직격탄을 맞을 거라는 기사를 연신 쏟아냈다. 덕분에 두바이 월드가 모라토리엄을 선언한 당일만 현대중공업 주가는 −8.9%가 폭락하며 14만8,500원으로 장을 마감했다.

그렇게 빅텍에서 1,300만 원에 이어 현대중공업에서 또 1,200만 원이 날아갔다. 불과 2달 전 까지만 해도 6,000만 원이 넘던 계좌 평가액은 이제 3,500만 원 밖에 되지 않았다.

하지만 2,500만 원의 손실보다 나를 더 고통스럽게 하는 건 이제 곧 연말이라는 사실이었다. 당시에 공무원이던 엄마는 매년 직계 비속까지 재산 신고를 해야 하는 의무가 있어서 조만간 엄마에게 내 모든 재산 내역에 대해 알려줘야 했다.

'2,500만 원 날렸다'는 말을 어떻게 해야 할 지… 그 뒤로 나는 죽음을 기다리는 사형수가 된 것 마냥 매일 두려움에 떨며 하루 하루를 보내야 했다. 밤에 잠이 들었다가도 악몽에 시달려 새벽에 온 몸이 식은땀에 젖은 채로 깨기를 반복했고 극도의 스트레스 때문인지 한동안 잠잠하던 위염도 다시 재발했다. 위염 때문에 속이 아파 밥 먹는 것 자체가 고통스러웠다. 하지만 또 대상포진에 걸릴까 무서워 고통을 참으며 억지로 목구멍으로 밥을 쑤셔 넘겼다.

그렇게 몸과 마음이 점점 약해져 가면서 밤에는 이따금씩 극단적인 생각도 드는 것이 그때 처음으로 '주식하다 자살한 사람들의 마음'이 이해가 됐다.

뉴질랜드에 가다

현대중공업 주가가 14만 원 대까지 떨어진 이후로는 무서워서 더 이상 주가를 확인하지 않았다. 컴퓨터에서 HTS 프로그램을 삭제하고 즐겨찾기 해뒀던 주식 카페와 커뮤니티 사이트도 모조리 다 지워 버렸다. 엄마에게는 투자금 중 일부를 비상장 주식에 투자했다는 거짓말로 겨우 연말 정산 위기를 넘길 수 있었다.

그러나 여전히 마음이 불안하고 잠 못 이루는 날이 계속 됐다. 그러다가 지난번 공연 연습할 때가 떠 오르면서 '주식이 아닌 다른데 집중하며 바쁘게 살면 좀 나아질까' 싶어 영어회화 학원을 다녀보기로 했다. 최대한 바쁘게 살려고 학원도 2개나 끊었다.

2009년 12월. 오전 9시부터 11시까지는 4호선 성신여대역

에 있는 영어 학원을, 오후 1시부터 4시까지는 2호선 이대역
에 있는 영어 학원을 다녔다. 갑자기 오전부터 학원을 2개나
다니니 몸은 좀 피곤했지만, 의도했던 대로 확실히 날이 갈수
록 주식 생각이 덜 나게 되면서 마음이 많이 편안해졌다.

영어 학원에 다닌지 2주 정도 지나면서 학원 사람들과도 많
이 친해지게 됐다. 특히 이대역 학원에서 나보다 한 살 많은
'제나'라는 닉네임을 쓰던 누나와 친하게 지냈다. 제나 누나는
매일 실력이 느는 게 보일 정도로 정말 공부를 열심히 했다.
그런 누나의 학구열에 자극을 받으며 나도 나름 열심히 영어
공부를 했다.

제나 누나와 나는 학원을 파한 뒤에도 카페에서 같이 영작
문을 하거나 영어로 대화를 하는 식으로 영어 공부를 이어갔
다. 그것도 모자라 저녁에 집에 와서는 잠자리에 들기 전까지
사전을 찾아가며 누나와 메신저로 영어 채팅을 했다.

그렇게 두 달 정도 열심히 영어 공부만 했더니 미천했던 나
의 영어실력이 나름 일취월장 했고, 어느 순간부터는 주식 생
각이 아예 나지도 않으면서 날 고통스럽게 했던 위염 증상도
말끔히 사라졌다.

남녀칠세 부동석이라더니, 진짜 옛 어른들 말씀은 틀린 게

하나 없었다. 제나 누나와 매일같이 붙어 다니며 공부도 하고 데이트도 하다 보니 어느 순간 누나를 좋아하게 된 것이다. 친구들에게 조언을 구했더니 하나같이 그 누나도 날 100%로 좋아하고 있다며 무조건 고백 하라고 종용을 했다. 친구들 말을 듣고 생각해보니 정말 그런 거 같기도 해서 용기를 내어 누나에게 영어로 고백을 했다. 그리고 영어로 '까'였다. 영어를 해석 하느라 한번 더 곱십어서인지 까임의 충격은 배가 됐다.

영어가 이렇게 무서운 거였다.

처음에는 단순히 주식으로부터 도망치기 위해 선택한 영어였지만, 영어 실력이 제법 늘게 되니 나도 학원 사람들처럼 괜히 외국에 나가고 싶어졌다. 처음에는 '그냥 한번 가보고 싶다' 정도였다가 '지금 아니면 내가 언제 한번 외국에 가보겠나'라는 생각을 하니 무조건 가야겠다는 생각이 들었다.

왠지 돈이 많이 들것 같은 미국과 캐나다, 호주는 우선 제외했다. 그래서 필리핀으로 갈까 하다가 필리핀에 3개월 정도 어학연수를 다녀왔던 친구 성원이가 '죽어도 필리핀은 가지 말라'던 말이 떠올라 필리핀도 제외했다. 그렇게 다 빼고 나니 결국 물가가 다른 나라에 비해 그나마 저렴하다는 뉴질랜드로 결정을 하고, 한국사람들이 많이 간다는 북섬의 웰링턴과 오클랜드가 아닌, 남섬에 있는 '크라이스트 처치'라는 도시에 가기로 했다.

여권 사진을 찍고 구청에 가서 말소 됐던 여권을 재발급하고 비행기 티켓을 최대한 싸게 사기 위해 '노랑풍선'이라는 인터넷 여행사에서 일본과 호주를 경유해 뉴질랜드로 가는 왕복 티켓을 120만 원을 주고 샀다.

2010년 1월. 영어 공부와 더불어 뉴질랜드 출국 준비로 분주한 날을 보내던 중, 하루는 현민이에게 전화가 왔다. 현대미포조선이 최근 들어 13만 원까지 올랐다며, 지금 팔아야 할지 아니면 조금 더 들고 가야 할지 고민이라고 했다.

지난 2009년 11월에 현대중공업과 함께 두바이 월드의 모라토리엄으로 인해 12만 원 대이던 현대미포조선 주가도 8만 원 대로 폭락했고, 이때 나는 현민이에게 현대미포조선을 사라고 추천 했었다. 그 이후로 현대미포조선의 주가가 8만 원 밑으로 떨어져 현민이에게 계속 미안한 마음을 가지고 있었는데, 다시 13만 원까지 올랐다고 하니 다행이라는 생각이 들면서 현대미포조선이 13만 원까지 올랐으면 현대중공업 어느 정도는 올랐겠다 싶어 기분이 좋았다.

개인적으로는 현대미포조선이 최소 15만 원까지는 갈 거라는 생각이었지만, 그렇다고 현민이에게 계속 홀딩하라 강요할 수는 없어서 '되도록이면 들고 가되, 쫄리면 일단 반 정도는 수익 실현하고 다시 주가가 떨어지면 재매수를 하라'는, 정말 도움 안되는 정석과도 같은 조언을 해줬다.

그 뒤로도 현대미포조선의 주가는 계속 올랐다. 그리고 계속 홀딩했던 현민이는 결국 2010년 말에 17만 원 대에 매도하며 100%가 넘는 수익을 냈다.

2010년 3월 12일. 뉴질랜드로 출국하기 위해 어머어마하게 큰 28인치 이민용 캐리어와 백팩을 메고 집 앞에서 공항 리무진 버스를 타고 인천 공항으로 갔다. 공항에 도착하니 친구 영근이가 고맙게도 배웅을 나와줬다. 간단하게 맥도날드에서 햄버거를 사먹고 담배 한 대씩 피고나서 작별 인사를 한 뒤에 나는 출국 심사를 위해 게이트로 들어가서 입국심사를 마치고 일본 나리타 공항으로 향하는 비행기에 탑승했다.

인천공항에서 2시간을 날아서 일본 나리타 공항에 도착했다. 그리고 거기서 2시간을 대기하고 호주로 가는 비행기로 환승해 다시 10시간 넘게 밤새도록 날아간 끝에 호주 시드니 공항에 도착했다. 그런데 그게 끝이 아니었다. 거기서 또 1시간을 대기하고 뉴질랜드로 가는 비행기로 환승을 한 후에 3시간을 더 날아가고 나서야 드디어 최종 목적지인 뉴질랜드 크라이스트 처치 공항에 도착 할 수 있었다. 계산해 보니 인천에서 무려 20시간이나 걸렸다. 이건 도저히 사람이 할 짓이 아니라는 생각에, 한국에 돌아갈 때는 무조건 직항을 타야겠다고 다짐했다.

그렇게 겨우 크라이스트 처치 공항에 도착한 나는 입국 심사를 받기 위해 줄을 섰다. 그러나 순조롭게 진행되던 입국 심사가 내 차례가 되면서 갑자기 중단됐다. 내 입국 목적이 분명치 않다는 것이 이유였다. 대화를 하다가 영 안 되겠다 싶었는지, 결국 심사 직원은 나를 사무실로 끌고 갔다. 그리고 거기에서 나는 2명의 직원에게 애워싸여 입국 목적에 대한 집중 추궁을 당했다.

나는 3개월짜리 관광비자로 일단 입국을 하고 추후에 2번더 연장을 해서 뉴질랜드에 총 9개월 정도 머무를 계획이었다. 그러나 내가 보통의 한국 사람들처럼 학교나 학원을 다니는 것도 아니고, 그렇다고 뉴질랜드에 아는 사람이 있는 것도아닌 데다, 결정적으로는 묵을 숙소도 없어서 '도저히 너를 입국 시킬래야 입국 시킬수가 없다'는 것이 심사 직원들의 말이었다.

그냥 뉴질랜드에 도착하면 숙소 정도는 금방 구할 줄 알았는데, 아무리 생각해도 그땐 내가 좀 미쳤던 것 같다.

어쨌든 결론은 목적이 불분명하여 입국 허가를 해 줄 수 없다는 것이었다. 이렇게 허무하게 다시 한국으로 돌아가야 한다고 생각하니 마음이 초조해졌다. 처음에는 '플리즈…' 하면서 통사정만 하다가 안되겠다 싶어 전략을 바꾸고는, 왜 나만 입국 허가 안 해주냐고, 지금 내가 동양인이라고 인종 차별 하는 거냐고 직원들에게 따져대기 시작했다. 지금도 신기한 것은 그때 그 말들을 내가 다 영어로 했다는 건데, 사람이 위기에 빠지면 초인적인 힘이 생긴다는 말은 사실이었다.

그래도 커뮤니케이션에 한계가 있어 나중에는 한국인 통역사까지 동원됐고, 결국 3시간의 긴 심문 끝에 나는 가까스로 3개월짜리 관광비자로 겨우 입국 허가를 받을 수 있었다.

크라이스트 처치 공항을 나와 갈 곳이 없던 나는 버스를 타고 무작정 시티 광장으로 갔다. 광장에 도착하니 이미 날이 저물어서인지 길거리에는 사람 한 명 없이 휑 했다. 그 와중에 난데없이 비바람이 몰아치는데, 순간, 지구 반대편에 있는 머나먼 타지에서, 그것도 비 오는 이 야심한 밤에 아무데도 갈 곳이 없다는 자각이 들면서 갑자기 엄청난 공포감이 밀려왔다. 어떻게든 잘 곳을 찾아야겠다는 생각에 광장 근처를 배회하다가 '백 배커스^{여행자 숙소}'를 하나 찾아 겨우 뉴질랜드에서의 첫날밤을 무사히 넘길 수 있었다.

다음날, 날이 밝자 마자 광장 근처에 있는 'PC방'으로 달려갔다. 뉴질랜드의 PC방은 90년대 후반 우리나라의 초창기 PC 방이 연상될 정도로, 정말 허접하기 이를데가 없었다. 인터넷도 엄청 느렸다.

뉴질랜드 커뮤니티 사이트인 '트레이드미'와 '넷질랜드'에 접속해서 방을 찾아 봤다. 처음에는 무조건 영어만 써야 된다는 생각에 현지인이 운영하는 하숙집으로 구하려고 했지만, 사생활을 중요시 하는 현지인들의 특성상 주로 학교나 학원에 다니는 학생이나 직장인, 그러니까 낮에 집에 없는 사람들만 원해서 어쩔 수 없이 한국인이 운영하는 하숙집까지 찾아보다가 '에이본헤드'라는 동네에 한국인 할머니가 운영하는 저렴한 하숙집을 하나 발견했다. 전화를 걸어보니 할머니가 일단 와보라며 집 주소를 알려 주셨다.

게스트 하우스에서 짐을 챙겨 나와 버스를 타고 크라이스트처치 광장에서 버스로 30분 정도 거리에 있는 에이본헤드로 갔다. 버스로 10분 정도 달려 도심을 벗어나자 창 밖에는 정말 영화에서나 나올법한 아름다운 마을의 풍경이 펼쳐졌고, 그제 서야 내가 뉴질랜드에 왔다는 실감이 났다.

하숙집은 넓은 마당과 작은 차고가 딸린 방 5개짜리 1층 주 택이었다. 할머니께 인사를 드리자 잘 왔다 하시면서 내가 끌 고 온 거대한 이민용 캐리어를 보고는 깜짝 놀라시며, 방은 일 주일 후에나 나오는데 왜 벌써 짐을 다 챙겨 왔냐고 하셨다. 당장 방이 없다는 말에 나는 망연자실 했고, 갈데가 없는데 어 떻게 안 되겠냐고 거의 울기 직전의 표정으로 할머니께 사정 했더니 그런 내가 불쌍해 보였는지 할머니는 일단 방 나올 때 까지는 차고에서 지내라고 하셨다.

차고는 할머니가 옷 수선 작업실로 사용하기 위해 방처럼 개조가 되어 있었다. 바닥에 장판도 있어서 그 위에 요만 깔 면 대충 잠은 잘 수 있겠다 싶었다. 앞으로 일주일만 버티면 되니 이것도 나름 추억이라는 생각에, 그날부터 화장실과 부 엌까지 쓸 수 있는 조건으로 주당 20달러에 차고 생활을 시작 했다.

그러나 추억은 개뿔이고, 차고에서의 생활은 정말 지옥 그 자체였다. 안에는 전등이 없어서 해가 지면 아무것도 보이지 않아 어둠 속에서 그냥 멍 때리거나 잠을 자는 것 말고는 내가 할 수 있는 건 아무 것도 없었다. 또 춥기는 더럽게 추워서 점퍼에 양말까지 신었음에도 살을 에이는 추위에 밤새도록 온 몸을 웅크린채로 벌벌 떨며 잠을 자야했다.

거기에 아침에 샤워를 하려고 옷을 벗을 때면 나는 기겁 할 수 밖에 없었다. 몸 여기 저기가 벌레 물린 자국으로 가득했기 때문이다. 옷을 몇 개 더 껴 입어도 소용 없었다. 날이 갈수록 점점 늘어가는 자국에, 결국 몸은 포기하고 최소한 코와 귀로 벌레가 들어가는 것 만큼은 막아보고자, 자기 전에는 항상 코와 귀에 휴지를 쑤셔 넣었다.

하루는 할머니와 마트 가서 장을 보고 오늘 길에 은행에 들려 계좌를 트고 버스 카드도 만들었다. 버스비는 2,500원으로 한국보다 비쌌다.

버스카드를 만들고 나서는 매일 버스를 타고 크라이스트 처치 여기 저기를 돌아 다녔다. 지구상의 마지막 낙원이라는 말이 딱 어울릴 정도로 뉴질랜드는 정말, 너무나도 예쁜 나라였다. 하지만 이 짓거리도 일주일 정도 하니까 지겨워졌다.

차고 생활을 한 지 어언 6일 째, 드디어 하루만 버티면 내 방이 생긴다는 생각에 오전부터 마음이 들떴다. 어찌나 좋은지

샤워를 하는데 콧노래가 나올 정도였다. 그런데 오후 늦게 차고를 찾아오신 할머니께서 뜬금없이 미안하다며, 내일 이사가기로 했던 학생의 이사 날짜가 일주일 뒤로 미뤄졌다는 청천벽력 같은 이야기를 전하셨다.

정말 돌아버리는 줄 알았다. 너무 화가 나 당장이라도 그 학생 방에 처 들어가서 개소리 말고 당장 꺼지라고 하고 싶었다. 그러나 어디까지나 내 상상일 뿐, 내가 택할 수 있는 건 일주일을 더 차고에서 지내거나 이 집을 나가는 것 말곤 없었다.

'이 먼 나라까지 와서 이게 뭔 고생인가'하는 생각에 서러움이 물밀듯이 밀려오면서 진짜 눈물이 날 것 같았다. 당장이라도 한국으로 돌아가고 싶었지만, 이대로 돌아가자니 왠지 친구들 보기가 쪽팔리고 민망해 차마 그러지도 못했다.

결국, 선택의 여지가 없던 나는 그 지옥 같은 차고에서 눈물로 일주일을 더 버텼다.

다시 한국에 오다

2010년 3월 말. 드디어 꿈에 그리던 내 방이 생겼다. 4평 크기의 침대와 책상, TV까지 있는 풀옵션 방이었다. 처음 방에 들어서는데 너무 감격스러운 나머지, 나도 모르게 눈물이 '핑' 돌았다.

내 방이 생기면서 본격적인 뉴질랜드 생활이 시작됐다. 할머니를 따라서 일요일에는 예배를, 수요일에는 나와 같은 제 2외국인들을 위한 영어 강좌를 들으러 집 근처에 있는 교회에 다녔고, 그 외에 다른 날에는 한국에서 가져온 영어 교재를 가지고 시티 광장 근처에 있는 '캔터배리 도서관'에 다니며 영어 공부를 하면서 남는 시간에는 크라이스트 처지 여기 저기를 돌아다녔다.

왠지, 책으로만 하는 영어 공부는 뭔가 부족하다는 생각에 어떻게든 현지인들과 어울려보려고 크라이스트 처치 자원봉사협회에 가서 자원봉사를 신청했다. 그러나 영어를 자유롭게 구사하지 못한다는 이유로 바로 거절을 당했고, 다른 좋은 방법이 없을까 하고 머리를 굴리다가 외국인이나 영어를 잘하는 한국인들을 대상으로 무료 기타 과외를 해보기로 했다. 무료로 기타를 가르쳐주는 대신 과외를 하는 동안에는 영어로만 대화를 하는 것이 조건이었다. 내가 기타를 아주 잘 치는 건 아니지만 초짜들 상대라면 어느 정도 자신은 있었다.

'넷질랜드' 중고장터에서 중고 통기타와 노키아 휴대폰을 각각 100달러, 30달러에 구입하고 게시판에 무료로 기타 과외를 해 준다는 글을 올렸다. 공짜여서인지 반 나절도 지나지 않아 과외 문의가 하나 둘 씩 들어왔고, 차가 없어서 버스로 이동 가능한 지역으로만 고른 끝에 외국인 포함, 총 3팀의 기타 과외를 하게 됐다.

내 기타 제자(?)들 중에는 어릴 때 뉴질랜드로 이민 온 창혁이와 창희 남매도 있었다. 나이는 창혁이가 14살, 창희가 12살로 둘 다 어릴 때 이민을 와서인지 영어는 네이티브 수준에 한국말도 곧잘 했다. 아이들 부모님은 너무나 좋은 분들이셔서, 내가 뉴질랜드에서 고생하는 것이 안타깝다며 기타 과외가 끝나면 항상 저녁 밥을 챙겨 주셨고, 또 집에 갈 때 가끔씩 소시지나 닭고기 등의 음식을 손에 들려 주곤 하셨다. 그리고 낚시를 가거나 바비큐 파티 등을 할 때면 고맙게도 나를 불러주셔서 덕분에 외로운 뉴질랜드 생활을 버텨낼 수 있었다.

2009년 4월 말. 기타 과외와 영어공부를 병행하는 뉴질랜드 생활이 어느정도 익숙해져 가던 중, 인터넷 뉴스를 보다가 현대중공업 관련 기사를 하나 보게 됐다. 대충 읽어보니 선박 수주가 많이 늘었다는 내용이었다. 기사 내용이 좋아서인지, 괜히 현대중공업 주가가 궁금해졌다.

'후하…' 심호흡을 크게 한 번 하고 네이버 검색창에 '현대중공업'을 입력한 후 눈을 감았다. 그리고는 한참을 뜸들이다가 조심스레 '엔터'키를 누른 후 천천히 눈을 떴다.

이럴 수가… 25만 원이었다. HTS를 실행해 계좌를 열어보니 수익률도 40% 가까이 됐다.

"끼아아아아아!!!"

적막이 흐르는 한밤 중이었음에도 너무 좋아 나도 모르게 샤우팅을 질렀다. 그리고 할머니가 무슨 일이냐며 내 방으로 뛰어 오셨다.

할머니를 돌려보내고 지난 현대중공업의 주가 추이를 역 추적해 봤다.

지난 2009년 11월, 알고보니 두바이월드 모라토리엄으로 인해 14만 원대로 떨어졌던 현대중공업은 다음날 바로 급반등을 했었다. 그것도 모르고 그렇게 힘들어 했다니⋯ 어쨌든 주가는 그 뒤로 계속 올라 2010년 1월이 되면서는 20만 원 선을 회복했고, 그 뒤로도 더 올라서 내가 주가를 확인한 4월 말에는 25만 원이 됐다.

다음날 저녁, 자축의 의미로 크라이스트 처치 광장에 갈 때마다 보이던 고급 레스토랑에서 35달러^{약 3만 원} 짜리 스테이크를 썰었다. 하지만 너무 기대를 해서인지 생각보다 맛은 별로였다.

문득, 금호산업 주가가 궁금해졌다. 현대중공업도 다시 이렇게 올랐으니 금호산업도 많이 올랐겠다 싶었는데 이게 웬걸, 금호산업은 내가 매수를 고민을 하던 2009년 9월 대비 주가가 무려 −70%나 폭락 해 있었다.

만약, 그때 현대중공업이 아닌 금호산업을 샀었다면 난 지금 어떻게 됐을까⋯ 생각만 해도 온몸에 소름이 돋았다.

2달 가까이 살아보니 확실히 뉴질랜드는 한국과는 많이 다른 나라였다. 무엇보다도 인구 수가 한국의 10분 1 수준이라 그런지 광장이나 번화가를 가지 않는 이상 동네에서 사람을 마주치는 일이 매우 드물어, 나중에는 거리에서 사람이라도 보이면 나도 모르게 반가워 인사를 할 정도였다. 그래서 저녁 7시만 되면 식당이나 슈퍼들은 모조리 문을 닫았다. 다들 잠은 또 어찌나 빨리 자는지 밤 10시만 되면 온 동네의 불이란 불은 다 꺼졌다. 심지어는 가로등까지 꺼져서 담배라도 피러 밖에 나오면 밤 하늘에 별 빛과 내가 피는 담뱃불 외에는 깜깜해서 아무것도 보이지 않았다.

처음에는 나도 뉴질랜드 생활 패턴에 맞춰보려고 어떻게든 10시 전에는 취침 하려 했지만, 한국물이 덜 빠져서인지 아무리 노력해도 1시 전에는 도통 잠이 안왔다. 그래서 영화라도 한 편 보고 자려했지만 엄청나게 느린 인터넷 속도 탓에 영화 한 편 다운 받는데 일주일이나 걸려 그럴 수도 없었다. 정말, 인터넷 할 때 만큼 한국이 그리운 적도 없던 것 같다. 차고에서 지낼 때보다 더 했다.

먼 타국에서의 생활은 정말 지독한 외로움의 연속이었다. 처음에는 마음 독하게 영어공부를 하러 왔다가도 종국에는 한국인 친구들과 우정만 쌓다가 돌아가는 일이 태반이라더니,

정말 그 말이 백 번 이해가 갔다. 나 같은 경우엔 그런 우정이라도 쌓을 한국인 친구조차 없어 더 힘들고 외로웠다. 그나마 유일한 재미가 밤에 친구들과 네이트온 메신저로 수다를 떠는 것이었지만, 뉴질랜드까지 간 놈이 메신저에 너무 자주 출몰하는 것도 어쩐지 꼴 사나워보일까봐 자주 접속도 못하고, 일주일에 딱 한 번, 수요일 밤에만 접속했다. 그래서 수요일만 되면 밤에 친구들과 수다를 떤다는 생각에 아침부터 그렇게 마음이 설레였다.

그 지독한 외로움을 달래고자 시작한 취미 중에 하나가 '블로그'였다. 동네가 조용하니 생각이 많아지고, 그렇게 생각이 많아지니 공책에 이것 저것 생각나는 대로 마구 끄적이게 됐는데, 악필에다 이것 저것 많이 쓰자니 손이 너무 아파서 블로그를 하나 만들어서는 주식 · 사회 · 정치 · 일상 등, 주제를 가리지 않고 그날 생각나는 모든 것들을 써서 올렸다.

블로그를 시작한 지 일주일도 안 되어 하루 방문자 수가 100명으로 늘어나면서 댓글도 한 두 개씩 달리기 시작했는데, 내가 쓴 글에 사람들이 반응을 한다는 게 이렇게 짜릿한 것인지 그때 처음 알았다. 참고로, 그렇게 재미 붙인 블로그 운영은 8년이 지난 지금까지도 이어져오고 있다.

또 다른 취미는 '유튜브'였다. 인터넷 속도가 워낙 느리다 보니 네이버나 다음과 같은 국내 포털 사이트는 사실상 이용이 불가능했던 반면에, 구글과 유튜브는 신기하게도 접속이 수월했다. 이래서 구글이 세계적인 기업이 된 건가 싶었다.

당시에 유튜브를 통해 시골의사 박경철 등을 비롯해 투자와 관련된 명사들의 강연을 특히나 많이 봤다. 그리고 그 강연들을 통해 그동안 책으로는 배울 수 없었던 투자에 대한 다양한 생각들을 배울 수 있어 나중에 나만의 투자 방법을 정립하는 데 아주 큰 도움이 됐다.

2010년 5월. 영어공부와 기타과외만 하는 루틴한 생활이 계속 되면서 슬슬 마음이 불안해지기 시작했다. 뉴질랜드에 온지도 벌써 2개월이 넘어가는데 오기 전과 비교해서 크게 달라진 게 없었기 때문이다. 그리고 어느 순간부터 기타 과외가 영어 공부보다 우선시 되며 내가 왜 뉴질랜드에 왔나 하는 회의감이 들었다. 왠지 이 상태로 6개월 더 체류한다 해도 영어 실력이 지금보다 늘 거라는 확신이 서질 않았다. 그나마 학교나 학원이라도 다녔으면 '나 뉴질랜드에 갔다 왔다' 증명이라도 할 텐데, 나는 그러지도 못하니 불안함은 더욱 커져만 갔다.

사실, 기타 과외를 통한 영어 습득에는 한계가 있다는 걸 어느 정도는 어렴풋이 깨닫고 있었다. 오히려 도서관에서 영문법 책을 보는 것이 영어 공부에는 훨씬 도움이 됐는데, 이렇게 비싼 돈 들여 뉴질랜드까지 와서 도서관 다니느니 차라리 한국에서 도서관에 다니는 게 낫다는 생각이 들면서 뉴질랜드에 머물러야 할 명분은 점점 더 사라지게 됐다.

　거기에, 20대 후반으로 접어드는 내 나이도 결코 적은 나이가 아니라는 자각 또한 나를 더 불안하게 만들었고, 그 불안함은 악몽으로까지 이어져 자다가 새벽에 몇 번씩이나 식은 땀을 흘리며 깨게 만들었다.

　결국, 일주일 정도를 고민하다가 한국에 돌아가기로 결정했다. 그리고 한국에 돌아가면 10월에 있을 공인중개사 시험에 다시 도전하기로 했다. 아무리 생각해도 주식투자와 공인중개사 말고는 딱히 하고 싶은 일이 떠오르질 않았고, 또 2008년 공인중개사 시험 낙방으로 인해 구겨진 자존심을 만회하고 싶다는 마음도 컸다. 시험이 10월 말에 있으니 귀국해서 6월부터 공부를 시작한다 치면 2차까지는 몰라도 1차는 어떻게 해볼 수 있을 것 같았다.

　그렇게 귀국 후의 계획까지 조금씩 잡혀가자 뉴질랜드에서의 생활은 더욱 무의미해졌다. 그래서 최대한 빨리 한국으로 갈 수 있는 티켓으로 변경을 한 후, 한국으로 돌아가기 전 뉴질랜드에서의 마지막 추억거리라도 만들 요량으로 3박 4일 동안 '퀸스 타운'이라는 도시로 여행을 다녀왔다. 그리고 귀국 전날에 기타 과외를 하던 아이들에게 통기타를 선물로 주며 아쉬운 작별 인사를 했다.

2010년 5월 29일. 무조건 직항으로 가야 한다는 걸 그새 까먹고 또 2번의 경유와 20시간 넘는 비행을 한 끝에 겨우 한국에 도착했다. 인천공항에 도착하니 이번에는 고맙게도 현민이가 마중을 나와줬다.

북적 거리는 공항과 문을 나서는 순간 온 몸을 덮는 습한 공기를 접하고서야 내가 한국에 왔다는 실감이 들었다.

스마트폰 관련주에 투자하다

2010년 6월. 내가 없던 3개월 사이에 한국은 아주 스마트폰 세상이 되어 있었다. TV에서든 인터넷에서든 간에 온통 스마트폰 얘기 뿐이었다. 뉴질랜드에 가기 전까지만 해도 국내에서는 '아이폰3gs'라는 휴대폰이 인기가 좋다 정도였을 뿐, 사실 스마트폰이라는 용어도 생소했었는데 이게 뭔 일인가 싶었다.

대체 터치폰이랑 스마트폰이 뭐가 다르다고 이 난리들인지 전혀 이해를 못 하다가 영근이와 종각에 있는 'T-world' 매장에서 스마트폰을 정식으로 접해 보고서야 스마트폰의 진가를 알게 됐다. 다른 기능은 다 차치하더라도, 지하철이나 버스 안에서 '진짜' 인터넷을 할 수 있다는 사실 하나만으로도 내게는 스마트폰을 사야 하는 이유가 됐다. 그런데 앞으로 은행 업무를 비롯해 주식·쇼핑·영화 예매도 이 작은 스마트폰으로 할 수 있다고 하니 정말 쇼킹할 일이 아닐 수 없었다.

2009년 애플의 아이폰 3gs가 출시되면서부터 시작된 스마트폰 혁명은, 그 뒤로 우리나라를 대표하는 기업인 삼성전자가 '갤럭시'라는 브랜드로 스마트폰 시장에 뛰어들면서 아이폰과 세계 시장에서 양강 구도를 형성 하게 됐고, 이에 질세라 LG전자, 팬택, 모토로라, 소니, 화웨이 등의 후발주자들도 앞다투어 스마트폰을 쏟아내며 전세계 전자 산업의 단연 중심이 됐다.

또한 국내 통신 3사SKT, KT, U+들까지 다가올 스마트폰 세상에 대비해 대대적인 투자를 하게 만들었다.

가슴이 두근 거렸다. 그리고 이건 무조건 뛰어 들어야 된다는 생각이 들었다. 그러다 문득, 기시감이 들었다.

'잠깐, 이 장면 어디서 봤던 것 같은데… 뭐였지, 뭐였지' 하다가 기억이 났다. 뉴질랜드에서 유튜브로 봤던 '시골의사' 박경철의 '아주대 강연'에 소개되었던 에피소드와 지금의 이 상황이 어딘가 모르게 흡사했다.

1990년대 중반, 박경철은 처음 취직한 병원 원장님에게 무식하게 큰 검은색 모토로라 휴대폰을 선물 받았다. 그리고 친구들에게 자랑을 하려고 휴대폰을 동창회에 가지고 나갔는데, 휴대폰을 처음 본 친구들은 무척이나 신기해 하면서도, 우리 같은 일반 서민들은 이런 휴대폰은 평생 쓰지 못 할 거라는 말을 하며 허탈해 했다. 당시에 휴대폰 가격은 200만 원 이상으로, 지금 돈으로 따지면 1,000만 원 이상이었으니 그렇게 생각하는 것도 어찌보면 당연했다. 그러나 친구들의 생각과는 달리, 박경철은 머지 않아 삐삐처럼 모든 국민들이 휴대폰을 하나씩 가지고 다니게 될 날이 올 거라 확신했고, 그 뒤로 휴대폰의 성장 가능성 하나만 믿고 월급이 나올 때마다 당시에 비상장 주식이었던 '한국이동통신^현 SK텔레콤' 주식을 꾸준히 매입을 했다. 그리고 그로부터 2년 후인 1999년에 이동통신 관련 주식들이 천정부지로 올랐을 때 박경철은 약 200배의 수익을 내고 SK텔레콤 주식을 전량 매도했다.

'200배라…' 나도 잘하면 박경철처럼 초대박을 낼 수 있을 거라는 생각에 다시 한 번 가슴이 뛰었다.

그렇게 스마트폰 삼매경에 빠진 나는 공인중개사 공부를 하면서 틈틈히 스마트폰과 관련된 뉴스 기사와 블로그 포스팅 등의 자료를 모으며 '스마트폰 공부'도 병행했다.

2010년 8월. 말이 병행이지, 공인중개사 공부는 사실상 뒷전이었다. 이제 시험이 2달 밖에 안 남았는데 허구헌날 스마트폰 관련 기사만 찾아보고 있으니, 이러다 또 시험에 떨어지는 거 아닌가 싶어 슬슬 마음이 불안해졌다. 그래서 시험이 끝날 때까지는 주식을 잠시 접어두기로 했다.

　아무래도 2차까지는 자신이 없어 그해에는 1차 시험만 보는 것으로 하고, 집에서 멀지 않은 동대문 도서관에 다니며 본격적으로 공인중개사 공부에 돌입했다.

　2010년 9월. 공인중개사 시험을 한 달 정도 남겨뒀을 때였다. 도서관 가기 전에 잠깐 컴퓨터를 하는데, 이상하게 그날따라 괜히 현대중공업 주가가 궁금했다. 그래서 올라봤자 20만 원 후반대 겠거니 하고 확인해 봤더니만, 헉… 32만 원이었다.

　떨리는 마음을 겨우 진정 시키고 지난 주가 추이를 살펴 봤다. 분위기로 봐서는 앞으로 주가가 더 갈 것 같긴 했지만, 9월 들어 주가가 급하게 올라서인지 왠지 다시 떨어질 것 같다는 생각이 강하게 들어, 결국 +80% 수익에 만족하고 현대중공업 주식을 전량 매도하면서 처음으로 계좌에 1억 원을 찍게 됐다.

　2010년 10월 말. 평균 82점의 비교적 높은 점수로 수월하게 공인중개사 1차 시험에 합격했다. 그리고 시험이 끝나자마자 바로 스마트폰 관련주에 대한 공부를 시작했다.

음원, 결제, 보안, 스마트카드, 무선인터넷WIFI, 통신장비, 모바일 콘텐츠, 모바일 인터넷 전화M-Voip, 전자책e-북 등 스마트폰과 조금만 관련 있다 싶으면 죄다 스마트폰 관련주라는 타이틀이 붙었다. 그중에서 내가 관심을 가졌던 분야는 보안, 전자결제, 모바일 인터넷 전화 그리고 전자책이었다.

전자결제 관련주로는 '모빌리언스현 KG모빌리언스'를 골랐다. 모빌리언스는 국내 휴대폰 소액 결제 시장에서 점유율 50%를 차지하고 있었는데, 당시에 내가 곧잘 이용하던 P2P 공유 프로그램 '넷폴더현 넷파일'의 휴대폰 결제시스템 회사가 모빌리언스여서 내게도 꽤나 익숙한 회사였다.

지금은 네이버 페이 등의 간편 결제 시스템이 있지만 2010년 당시만 해도 모빌리언스에서 제공하던 휴대폰 문자 인증번호 결제 방식은 그 어떤 결제 시스템보다 편했다. 그런데 이 결제 방식이 앞으로 스마트폰에서도 사용할 수 있게 된다면 시장의 파이도 그만큼 커진다는 얘기이니, 또 그만큼 모빌리언스의 매출도 늘어나게 되는 건 당연지사였다.

더군다나 당시에 모빌리언스는 스마트폰 뿐만 아니라 PC

방, 홈쇼핑 등으로도 사업을 확장하고 있어서 앞으로의 성장이 더욱 기대됐다.

보안 관련주로는 '이스트소프트'를 골랐다. 이스트소프트는 '알집'이라는 압축 프로그램으로 유명한 회사로, 뒤늦게 '알약'이라는 보안 프로그램으로 보안 시장에 뛰어들었음에도 불구하고 '안랩'의 V3를 제치고 1,000만명 이상의 사용자를 모은 저력이 있는 회사였다.

스마트폰에 있어서 보안은 핵심 중에 핵심이었는데, 집이나 사무실 책상에 두고 쓰는 컴퓨터와는 달리 스마트폰은 밖에 가지고 다니기 때문이었다. 거기에 불특정 다수가 이용하는 와이파이^{WIFI}망을 통한 해킹 문제가 막 사회적 대두로 떠오르기도 해서 이거다 싶었다

뉴스 기사를 검색해 보니 이스트소프트는 이미 스마트폰 보안 산업에 진출 한다는 IR^{투자자를 위한 홍보}까지 마친 상태로, 친숙한 '알 시리즈' 브랜드를 이용해 스마트폰 보안 산업에서도 보다 유리한 위치를 고수 할 수 있을 거라는 생각이 들었다.

전자책 관련주로는 '예스24'를 골랐다. 사실, 전자책에 관심이 간 것은 스마트폰이 아닌 '아마존'의 영향이 컸다. 미국에서

전자책 콘텐츠가 불티나게 팔린 덕분에 전자책 콘텐츠를 다량으로 보유하고 있는 세계 1등 인터넷 서점인 아마존의 주가가 엄청나게 뛰었기 때문이다. 그래서 국내 1위 인터넷 서점인 예스24가 국내에서는 아마존의 역할을 할 수 있을 거라 기대됐다.

모바일 인터넷 전화 관련주로는 '제너시스템즈'를 골랐다. 제너시스템즈는 인터넷 전화에 쓰이는 '소프트 스위치'라는 부품을 주력으로 만들었는데, 국내 점유율 70%의 사실상 독점 회사였다.

2010년 당시는 일반 전화에서 070 인터넷 전화로 바뀌어 가고 있는 추세였다. 통화 품질 자체는 일반 전화와 큰 차이가 없음에도 전화 요금이 인터넷 전화가 훨씬 저렴했기 때문이다.

그러나 내가 제너시스템즈에 관심을 갖게 된 건 그 보다는 'FMC 유무선 통합'라는 기술 때문이었다. FMC는 용어 그대로 유선과 무선을 통합하는 기술로써, 이 기술을 이용하면 휴대폰을 밖에서는 무선으로 이용하다가 집이나 회사에서는 유선으로 이용 할 수 있어 통신비를 획기적으로 절감할 수 있었다. 물론 그 뒤로 통신사들이 무료 전화 요금제를 내 놓으면서 모든 게 무용지물이 됐지만, 어쨌든 그땐 그랬다.

제너시스템즈는 이미 2010년 4월에 모토로라와 휴대폰에 FMC 기술을 공급하는 계약을 체결한데다 진실 여부는 모르겠지만 항간에 제너시스템즈의 기술을 삼성에서도 탐을 낸다는 이야기가 커뮤니티 상에서 떠 돌기도 해, 혹시 삼성에서 인수하는 거 아닌가 하는 괜한 기대감도 들었다.

현대중공업을 매도한 1억 원으로 모빌리언스, 이스트소프트, 예스24, 제너시스템즈 주식을 각 2,000만 원씩 해서 총 8,000만 원 어치 매수했다. 나머지는 현금으로 남겨뒀다.

공인중개사가 되다

2011년 1월. 공인중개사 2차 공부를 하기에는 시간이 많이 남고, 돈이 부족하진 않았지만 그렇다고 놀고만 있자니 좀 그래서 중구 신당동에 있는 '건국 우유' 신당 보급소에서 TM^{전화 업무} 아르바이트를 했다. 말이 좋아 TM이지, 실상은 우유 대금 미납자들을 상대로 미수금을 받아내는 '추심'이었다. 문제는, 신당 보급소의 주고객들이 하필이면 '흥인시장'과 '청평화시장'에서 일하는 상인들이라는 거였다.

산전수전을 다 겪어온 상인들을 상대로 나같은 애송이가 미수금을 받아 낸다는 것이 결코 쉬운 일은 아니었다. 전화를 하면 '바쁘다'며 그냥 끊기 일 수 였고, 통화가 된다 해도 일단 성질부터 내면서 정말 말도 안 되는 이유를 갖다 붙이며 '돈을 못 주겠다'고 몽니를 부려댔다. 그러나 바위도 낙수에 구멍이

뚫릴 듯이 끈기를 갖고 매일 전화를 했더니 상인들과 조금씩 친해지게 되면서 미수금을 받아 낼 수 있었다.

참고로, 그때 추심 일을 했던 경험은 나중에 공인중개사 일을 할 때 고객 응대에 큰 도움이 됐다.

2011년 2월. 스마트폰 관련주를 산 지 3개월 만에 주가를 확인해 봤다. 이스트소프트는 여전히 1만2,000원 대, 제너시스템즈도 여전히 2,500원 대, 3,500원에 샀던 모빌리언스는 5,200원으로 상승, 예스24는 7,500원에서 6,000원으로 하락해 있었다.

다행히 4종목으로 분산 투자를 한 덕에 전체 수익률로 따지면 손해는 아니었지만, 왠지 따분하고 재미가 없었다. 그리고 그냥 모빌리언스에 다 넣었으면 수익이 많이 났을 거라는 아쉬움이 자꾸 들면서 또 다시 몰빵의 유혹이 엄습해 왔다. 결국 이번에도 별 다른 내적 갈등 없이 제너시스템즈에 몰빵을 하기로 결정했다.

굳이 제너시스템즈를 고른 이유는 일단 재무가 나쁘지 않았고, 지금 생각하면 왜 그랬는지 모르겠지만 Mvoip 모바일 인터넷 전화 기술이 그때는 그렇게 대단해 보였다. 거기에 시가총액도 300억 원 대에 불과해 왠지 다른 종목들에 비해 주가도 많이 오를 것만 같았다.

　모빌리언스를 +30%에 익절매하고 이스트소프트와 예스 24를 각각 −2%와 −20%에 눈물을 머금고 손절매한 후, 그렇게 생긴 5,500만 원 중에 4,000만 원으로 제너시스템즈를 추가 매수 하며, 제너시스템즈에만 총 6,000만 원이 들어가게 됐다. 그리고 남은 1,500만 원으로는 삼영엠텍이라는 종목을 5,300원에 매수했다.

　삼영엠텍은 MBS라는 선박 엔진을 만드는 조선 기자재 업체로, 뛰어난 기술력과 탄탄한 재무, 그리고 2%가 넘는 배당금까지 주는 알짜배기 회사였다. 더군다나 2007년에 조선 업황이 한참 좋을 때는 주가가 무려 1만8,000원 대까지 올랐을 만큼 나름의 저력이 있었다. 물론 얼마 안 가 금융위기로 주가가 대폭락을 했지만 말이다.

　2011년 2월 당시는 현대중공업이 40만 원 대까지 오르는 등, 조선 업황이 막 다시 살아나는 분위기라 삼영엠텍도 곧 급등 할 거라는 생각이 들었다.

　2011년 3월 11일. 제너시스템즈와 삼영엠텍으로 포트폴리오를 재편하고 한 달 정도 지났을 때, 일본에서 규모 9.0의 대지진이 일어났다. 역대급 규모로, 지진의 영향은 정말 어마어마 했다. 후쿠시마현 바다에서 발생한 쓰나미가 그대로 인근 마을을 덮치며 아주 쑥대밭을 만들었는데 비극은 그게 끝이 아니었다. 쓰나미가 덮쳐 버린 원전이 폭발을 해 인근 지역으로 방사능이 누출 되면서, 1986년 러시아의 체르노빌 원전 폭발 이후에 또 한 번의 인류 대재앙이 연출됐다.

동일본 대지진으로 전세계가 충격에 빠졌음에도 불구하고 역시 주식시장은 냉정한 곳이었다. 삼영엠텍이 지진이라는 테마로 인해 상한가인 5,810원까지 치솟은 것이다.

삼영엠텍은 조선기자재 외에 내진설계 제품도 만들었는데, 전체 매출에서 내진설계 제품이 차지하는 비중은 극히 미미했음에도 시장에서는 삼영엠텍을 지진 테마주, 그것도 대장주로 인식하고 있었다. 테마에서는 매출 비중 따위는 전혀 고려 대상이 아니었다.

상한가로 장을 마감한 삼영엠텍은 다음날에도 상한가인 6,610원까지 치솟았다가 얼마 안 가서 대량 매매가 터지며 상한가가 깨져 버렸다. 이때 주식을 팔까 하다가 왠지 분위기상 쉽게 끝날 이슈는 아닌 것 같아서 일단 매도를 보류했다.

그 다음날에도 주가가 급등하는 것을 보고 안 팔길 잘했다라고 생각하던 찰나, 갑자기 주가가 급락하기 시작했고, 다시 반등할 거라는 나의 기대와는 달리 그 뒤로도 계속 급락을 하며, 결국 대지진이 일어난 지 2주일 만에 삼영엠텍은 원래의 주가인 5,000원 대로 회귀해 버렸다. 주가가 급등락을 하던 2주일 동안 아무 것도 못하고 그저 구경만 했던 나는 말 그대로 바보가 된 기분이었다.

2011년 6월. 여기서 더 늦추면 안 될 것 같아 본격적으로 공인중개사 2차 공부를 시작했다. 처음에는 1차 공부할 때처럼 노트북을 들고 동대문 도서관에 다니다가, 좋은 자리를 맡는 것도 쉽지 않고 책도 무거운데다 날씨까지 더워, 6월 중순부터는 그냥 집 앞에 있는 독서실에 다녔다.

오전 10시까지 독서실에 도착해서 강의를 보다가 12시 정도에 점심을 먹으러 다시 집으로 갔다. 그러나 한 번 집에 오면 최소 2시간은 죽 치다가 가는 게 습관이 돼서, 안되겠다 싶어 7월 부터는 그냥 밖에서 점심을 사 먹었다. 그때 독서실에 다니며 훼미리마트^{현 CU} 도시락과 삼각김밥은 종류별로 다 먹어봤던 것 같다.

공부 말고 딱히 할 게 없어서 점심 먹고 나면 스마트폰으로 30분 정도 주식 매매를 했다. 스마트폰 관련주들로 포진된 메인 계좌는 놔두고 서브 계좌를 새로 만들어 비상금 500만 원을 가지고 주로 박스권 매매를 하며 단타를 쳤다. 마우스가 아닌 손가락 터치로 주식을 사고 파는 것이 처음에는 영 어색 하더니만, 나중에는 익숙해지니 오히려 컴퓨터보다 스마트폰으로 주식하는 게 더 편해졌다.

2011년 10월 말. 공인중개사 2차 시험을 봤다. 4개월 넘게 나름 열심히 공부했다고 생각했는데, 막상 시험지를 받고 나니 눈 앞이 캄캄했다. 지문이 어찌나 긴지 120 문제 중에 최소 반 이상은 찍었던 것 같다. 시험을 마치고 집으로 가는 버스 안에서 '지난 몇 달 간의 노력들이 다 물거품이 됐다'는 생각에 눈물이 날 것 같았다.

이게 무슨 고시나 공무원 시험도 아닌데 가족과 친구들에게 시험에 떨어졌다는 말을 어떻게 해야 할지, 또 앞으로 어떻게 살아야 할지, 생각만으로도 막막했다. 그래서 어디 빨리 취직이라도 하면 좀 나을까 싶어 집에 오자마자 '잡코리아'와 '사람인' 등의 구직 사이트를 뒤져가며 이 회사 저 회사에 마구잡이로 입사 지원서를 집어 넣었다. 그리고 긴장이 풀려서인지 그대로 침대에 쓰러져 잠이 들었다.

오후 6시, 본능적으로 눈이 떠졌다. 공인중개사 시험 가답안이 올라오는 시간이기 때문이었다. '어차피 맞을 매라면 빨리 맞자'라는 생각에 시험지를 꺼내 채점을 시작했다.

'평균 65점, 합격…' 또 한 번 기적이 일어났다.

2011년 11월 말. 공인중개사 합격증을 받자마자 취업을 위해 공인중개사 사무소에 면접을 보러 다녔다. 중개 사무소를 돌아다니며 놀랐던 점은, 우선 우리나라에 중개 사무소가 엄청나게 많다는 것과, 중개 사무소 대부분이 아예 기본급 조차 없다는 것이었다. 그래도 어떻게든 기본급이 있는 사무소에 들어가고 싶어 찾고 또 찾아 보다가, 겨우 강남 선릉역 근처에 있는 사무실 중개를 전문으로 하는, 기본급으로 무려 30만 원이나 주는 'SM 공인중개사 사무소' 라는 곳에 들어가게 됐다. 참고로, SM이 그 SM은 아니다.

공인중개사만 되면 큰 돈을 벌 수 있을 것이라는 나의 기대는 일을 시작한 지 일주일도 안 돼서 깨졌다. 진짜, 손님이 없어도 너무 없었다. 하루는 사장님한테 손님이 왜 이리 없냐고 물어보니 원래 12월은 비수기라서 그렇다고 했다. 그래서 그럼 성수기는 언제냐고 다시 물어보니 사장님은 그 뒤로 입을 다문 채 아무 말도 하지 않으셨다.

출근 2주일 째, 여전히 사무실에서 인터넷 하거나 친구들이랑 채팅 하다가 퇴근하는 날이 계속 됐다. 차라리 무급이었으면 모를까, 월급이랍시고 30만 원에 점심까지 사주는데 2주일 가까이 아무것도 안하고 사무실에 앉아 놀고만 있자니 아무래도 눈치가 보였다. 그래서 근처 지리를 익히고 온다는 핑계로 점심을 먹고 나서 매일 2시간 정도 밖에 나갔다 들어왔다.

처음 며칠 간은 정말 지리를 익힐 생각으로 무작정 강남 바닥을 돌아다니다가 날씨가 추워도 너무 추워서 그냥 PC방에서 시간 때우다 들어가게 됐고, PC방에 가 봤자 딱히 할 게 없어서 결국 HTS를 다운 받아 주식 매매를 했다.

5개월 만에 열어본 메인 계좌는 아주 가관이었다. 2,500원에 샀던 제너시스템즈는 1,800원, 5,200원에 샀던 삼영엠텍은 4,200원으로 총 -25%, 2,200만 원의 손실이 나고 있었다. 반면에 제너시스템즈와 삼영엠텍을 사느라 1만2,000원 대에 팔아 버렸던 이스트소프트는 5개월 만에 4만 원 가까이 올라 있어서 내 속을 제대로 뒤집어 놨다.

문득 '공인중개사 자격증까지 땄는데 PC 방에서 이게 뭐하는 건가'하는 자괴감이 들었다. 그래서 뭐라도 해야겠다 싶어서 그때부터 블로그에 선릉역 근처의 가격이 저렴한 사무실

정보와 사진들을 꾸준히 올렸다. 처음 며칠 간은 별 반응이 없다가 올린 지 일주일 정도 됐을 무렵부터 슬슬 한 두 통씩 문의 전화가 오기 시작했다.

계속 전화 상담만 하다가 드디어 '대망의 첫 미팅' 약속이 잡혔다. 혹시라도 길을 헤맬까 무서워 미리 물건지 답사를 갔다 오고, 종이에 약도도 그려봤다. 또, 손님이 어떤 질문을 할지 몰라 예상 질문도 10개 정도 뽑아 미리 숙지했다.

그렇게 각고의 노력에도 불구하고 첫 미팅은 아쉽게도 계약으로까지는 이어지지 못했다. 하지만 그 뒤로도 꾸준히 문의 전화가 오면서 몇 번의 미팅 끝에 드디어 공인중개사 일을 시작한지 한 달 만에 첫 중개 계약을 성사시켰다. 비록, 수수료 20만 원에 그 중 내 몫이 고작 10만 원 밖에 안 됐지만 그래도 주식투자에서 1,000만 원 수익 날 때보다 더 기뻤다.

블로그 효과는 내 예상을 훨씬 뛰어 넘어서, 처음에는 한 달에 연락 한 통이라도 오면 많이 오는 거라며 크게 기대하지 말라던 사장님도 어떤 날은 하루에 5통 이상의 전화를 받는 것을 보고는 대체 블로그로 무슨 짓을 한 거냐며 무척이나 놀라워 했다.

그렇게 블로그로 몇 건의 중개 계약을 성사 시킨 덕분에 첫 달에 30만 원이던 내 월급은 그 다음 달에는 70만 원으로 두 배 이상 뛰었다.

그러나 내 인생이 이렇게 잘 풀릴 리가 없었다.

계속되는 중개 불황에 몇 달간 임대료를 내지 못한 SM 공인 중개사 사무소는 결국 2012년 2월 말에 문을 닫게 됐다. 초짜인 내가 아무리 몇 건의 계약을 성사 시킨다 한들, 강남의 비싼 임대료를 감당할 정도는 절대 되지 못했다.

그렇게 중개 사무소에 취직한 지 2달 만에 나는 다시 백수가 됐다.

제너시스템즈를 손절매 하다

처음부터 백수였으면 모를까, 2달 정도 일하다가 다시 집에 있으려니 괜히 눈치가 보여 매일 중개 사무소 면접을 보러 다녔다. 그러나 기본급이 아예 없거나, 본인 소유의 차가 있는 직원만 원하는 곳이 대부분이라 기본급을 원하면서도 차가 없는 내가 들어갈 수 있는 곳은 사실상 없었다. 자격증이 100만 원짜리 중고 마티즈보다 더 대접을 못 받는 것이 공인중개사의 냉혹한 현실이었다.

면접을 보러 다니는 것이 지쳐, 결국 다시 찾게 된 곳이 도서관이었다. SM 중개 사무소 같은 곳이 나올 때까지는 도서관에서 주식투자를 하기로 하고 예전처럼 노트북을 들고 다니며 동대문 도서관으로 출근했다.

한 달 만에 열어본 주식 계좌는 그야말로 절망적이었다. 삼영엠텍은 그나마 4,500원으로 조금 올라 있었지만 제너시스 템즈는 1,400원으로 매수가 대비 반토막이 나, 손실이 무려 2,500만 원이나 됐다. 백수가 된 것도 서러운데 주식까지 이 모양이니 정말 살 맛이 안 났다.

2012년 3월. 이제는 면접 보러 다니는 것도 짜증나고 지쳐서 그냥 내가 사무소를 차리기로 하고, 관악구 봉천동에 있는 공인중개사 협회에서 4일 간의 실무교육을 받은 후 '케이 공인중개사 사무소'라는 이름으로 개업을 했다. 사실 개업이라고까지 말하기에는 좀 거창한 것이, 기존의 중개 사무소 안에 자리 하나를 빌린 합동 사무소 형식이기 때문이었다. 요새 유행하는 '샵인샵Shop in Shop'으로 이해하면 될 것 같다.

부동산 중개 경험 2달 만에 겁도 없이 개업을 할 수 있던 것은 블로그의 힘을 믿었기 때문이다. 비록, 내가 다른 중개사들보다 중개 경험은 미천할지 언정, 블로그 하나 만큼은 누구보다 자신이 있었다. 앞으로 영업부터 해서 상담, 계약서 작성까지 모든 것을 내 스스로 해야 한다는 게 좀 걱정 되긴 했지만, 그래도 이제는 진짜 '내 일'을 한다는 생각에 왠지 마음이 설레였다.

중개 사무소 개업 후 3, 4월 두 달간은 '자리 값' 정도만 벌다가 5월이 되면서부터 본격적으로 돈이 벌리기 시작했다. 5월에만 수수료 190만 원짜리 사무실 월세 계약과 30만 원짜리 원룸 월세 계약을 했는데, 이것 저것 다 빼고도 순수익으로 170만 원이 남았다.

확실히 돈이 벌리니 신이 나서인지 블로그 광고를 더 열심히 하게 되고, 그러니 계약도 더 늘어나는 선순환 구조가 되면서 7월 이후로는 꾸준히 월 평균 수익이 250~300만 원 정도 됐다. 아주 많은 돈은 아니었지만, 그래도 쓸 거 다 쓰면서도 적금까지 할 정도는 되어 나름 만족했다.

중개 일이 잘 풀리는 것과는 반대로 주식은 점점 최악으로 치닫고 있었다. 제너시스템즈의 상황이 꽤나 심각했다. 회사 매출 비중의 대부분을 차지하던 '소프트 스위치' 매출이 몇 분기 째 계속 지지부진한 탓에 전체 매출액은 계속 떨어졌고, 매년 50억 원 이상 나던 이익도 적자로 전환되면서 50%이던 부채비율은 어느새 150%를 넘어가고 있었다.

가치투자 이론상 기업의 실적이 악화되면 가차없이 매도를 해야 했지만, 막상 이게 현실로 닥쳐오니 매도를 한다는 게 결코 쉽지가 않았다. 주가가 반토막이라 더욱 그랬다. 확실히 이

론과 실전은 달랐다.

2012년 4월. 제너시스템즈 주가는 결국 1,000원 밑으로 떨어지며 '동전주'가 됐다. 주가만 보면 분명 최악이었지만, 실적 부진에 대한 자구책으로 분당에 있는 부동산을 매각하고, 또 수익이 나지 않는 사업들을 과감히 정리 하는 등, 재무 구조 개선을 위한 노력을 하면서도, 그 와중에 mVoip^{모바일 인터넷} ^{전화} 시스템 렌탈을 하는 'mVoip센터' 사업과 함께 CCTV 및 영상 감시 시장에도 진출하는 등, 새로운 먹거리 사업에 대한 투자도 꾸준히 이어지고 있었다.

2012년 5월. 나름의 자구책이 먹혔던 건지, 언론에서 제너시스템즈의 재무와 이익이 점차 개선될 것이라는 호재성 기사가 나오면서, 드디어 주가가 긴 하락을 멈추고 다시 상승세로 돌아섰다. 그리고 6월에 들어서면서 순식간에 2,000원까지 돌파해 버렸다. 당시에 국내 3,500만 명의 회원을 보유하고 있던 '카카오톡'에서 무료 인터넷 전화 서비스인 '보이스톡'을 출시한 덕분이었다.

이런 제너시스템즈의 갑작스러운 급등에 기쁘면서도, 한편으로는 제너시스템즈에 대한 왠지 모를 의구심이 자꾸 들었다. 그 의구심은 아주 사소한 것에서부터 시작됐다.

2012년 당시에는 기업들이 '소통'이라는 명목으로 너도나도 유행처럼 트위터나 페이스북, 블로그를 운영하기 시작했다. 제너시스템즈도 '제너두'라는 이름의 블로그를 운영했는데, 처음에는 주주로서 제너두를 한 두번 방문하다가 나중에는 글이 재밌어서 즐겨찾기를 해 놓고 매일 같이 방문을 하게 됐다.

그런데 언제부턴가 매일 올라오던 글이 일주일에 세 번으로 줄어 들더니만, 나중에는 일주일에 한 번만 올라왔다. 무슨 일이 있나 싶어서 블로그 담당자에서 댓글로 문의를 했고, 다음 날 블로그 담당자의 답변을 통해 근 몇 달 사이에 블로그 담당자를 비롯해 제너시스템즈의 많은 직원들이 퇴사를 했다는 사실을 알게 됐다.

TV나 신문에 매일 같이 비싼 광고를 하는 삼성전자나 현대차 같은 대기업들은 회사 사정이 어려워지면 가장 먼저 줄이는 것이 광고비라며, 그런 이유로 광고비 지출 규모는 현재 그 기업의 재정 상태를 알려주는 '바로미터'가 된다는 내용을 어떤 책에서 본 적이 있다.

제너시스템즈에게는 이 제너두 블로그가 그랬다. 그다지 큰 돈이 들지 않는 블로그 운영마저 어려워졌다는 건, 그 만큼 회사 재정 상태가 최악에 달했다는 걸 방증했다.

그런 의구심이 드는 와중에 보이스톡 약빨이 떨어지면서 제너시스템즈 주가는 다시 2,000원 밑으로 폭락해 버렸다. 순간, 지금이 이 가격 대에 매도 할 수 있는 마지막 기회라는 생각이 들었고, 바로 스마트폰의 MTS를 실행해서는 제너시스템즈 주식을 1,700원 대에 전량 손절매 했다.

비록 −30%에 2,000만 원이라는 큰 손실을 확정짓긴 했지만, 그래도 그동안 케케 묵어있던 체증이 내려간 것 마냥, 마음 만큼은 한결 가벼워졌다.

시간이 지날수록 제너시스템즈에 대한 나의 의구심은 점점 현실이 되어갔다. 한 달에 몇 번 씩이나 BW^{신주인수권부사채}를 발행하면서도, BW 가격과 기간 정정 공시를 수시로 남발하는 전형적인 '잡주'의 행보를 이어 나갔다.

2012년 12월에는 브라질의 P&P 인베스트먼트사라는 투자 회사와 350억 규모의 투자 계약을 체결했다는 발표로 주가가 잠깐 급등하기도 했지만, 결국 브라질에서 들어오기로 한 투자금이 납입일까지 납입되지 않으면서 주가는 다시 급락하고 말았다.

제너시스템즈의 행태와 주가 흐름을 보고 있자니 예전에 상장폐지로 깡통을 찼던 'VK'가 오버랩 되면서, 제너시스템즈 주식도 곧 휴지 조각이 되겠다는 생각이 들었다. 깡통의 아픔을 누구보다 잘 알고 있었기에, 최대한 피해를 막아야겠다 싶어 블로그에 제너시스템즈에 대한 글을 올리기 시작했다. 당연히 내용은 부정적이었다.

한 번은 〈제너시스템즈의 몰락… 곧 상장 폐지 될 회사〉라는 제목으로 글을 올렸는데, 진짜 평생 먹을 욕은 그때 다 먹었던 것 같다. 그럼에도 불구하고 단 한 사람이라도 더 구제되었으면 하는 바람으로 하루 빨리 제너시스템즈 주식을 처분하라고 그들을 설득했지만, 그럴수록 괜히 욕만 더 먹었다.

2013년 새해가 되어도 제너시스템즈의 사정은 나아지지 않았다. 그리고 회사의 사정이 안 좋은 만큼 주가는 겉 잡을수 없을 정도로 계속 떨어져, 1월에는 800원 대였던 주가가 2월에는 500원 대, 그리고 3월에는 300원 대까지 폭락했다.

2013년 7월 12일. 지난 몇 달을 300~500원 사이에서 급등과 급락을 반복하던 제너시스템즈는 결국 '자본 전액 잠식'이라는 사유로 코스닥 시장에서 상장 폐지 됐다.

제너시스템즈가 상장 폐지된 이후로 많은 쪽지를 받게 됐다. 대부분은 블로그에 올린 글을 보고 주식을 판 덕분에 상장 폐지를 면할 수 있었다는 감사의 내용이었다.

남들에게 조금이나마 도움이 됐다는 생각에 내심 뿌듯하고 기분이 좋았지만, 개 중에는 미처 팔지 못하고 결국 깡통을 차게 됐다는 사연도 있어 가슴을 아프게 했다.

또, 현대중공업에 투자하다

　　부동산 중개일이 어느 정도 안정권에 들어서
면서 돈도 곧 잘 벌리고 하니 '공인중개사라는 직업도 꽤 괜찮
다'는 생각이 들었다. 아침 일찍 출근 할 필요가 없는 데다, 손
님과 저녁에 미팅 약속만 없으면 퇴근도 내 마음대로 할 수 있
어 너무 좋았다. 거기에 내 이름을 걸고 하는 일이라 그런지,
직원으로 일할 땐 느낄 수 없었던 성취감도 들었다.

　　그러나 주식 생각만 하면 다시 우울해졌다. 제너시스템즈에
서 2,000만 원의 큰 손실이 난데다. 삼영엠텍도 −20%의 손실
이 나고 있었기 때문이다. 반 년 만에 3,000만 원이라는 거금
이 날아 가면서 한 때 1억 원 까지 불어났던 계좌 평가액이 이
제는 5,000만 원이 채 안 됐다. 거기에서 엄마가 맡겼던 3,000
만 원을 제외하면 내 돈은 2,000만 원도 되지 않았다.

2012년 6월. 이 판을 뒤집을 만한 한 방이 필요하다는 생각을 하던 중에 다시 현대중공업이 눈에 들어왔다.

현대중공업은 2011년 4월에 주가가 50만 원을 넘어 가면서 32만 원에 진작 팔고 나왔던 나를 또 한 번 울게 만들었다. 그러나 최근 들어 남부 유럽의 금융위기가 불거지면서 현대중공업 주가는 다시 20만 원대로 곤두박질을 쳤고, 하늘이 주신 기회라는 생각에 제너시스템즈를 팔고 남은 3,000만 원으로 현대중공업을 23만 원에 냅다 질렀다.

2012년 7월. 다시 한 번 깨닫는 거지만 경솔한 행동에는 역시 대가가 따르는 법이었다. 매수 한 지 한 달 만에 현대중공업 주가가 19만 원 대로 폭락해 버렸다. 삼영엠텍 −30%에 현대중공업 −20%, 정말 최악의 상황이었다. 하지만 그럼에도 크게 스트레스를 받거나 하진 않았다. 아마 중개 일이 잘 되고 있어서 그랬던 것 같은데, 그때는 주식에서 잃는 몇 천 만 원보다 중개 해서 버는 몇 십 만 원이 내게는 더 소중했다.

2012년 9월. 하루는 엄마가 주식투자는 잘하고 있냐고 물었다. 손해보고 있다고 하면 혼날까봐 어느 정도 수익을 내고 있다며 또 거짓말을 했다. 엄마는 놀라더니만, 요즘 주식시장이 안 좋아 다들 죽겠다던데 너가 그렇게 주식투자를 잘했냐면서, 이번에 적금 만기된 4,000만 원이 있다며 그 돈도 내가 한 번 굴려보라고 했다. 전과 같이 수익이 나면 수익의 반은 내가 갖는 조건이었다.

고민이 됐다. 사실, 그동안 주식투자를 하면서 받는 스트레스의 가장 큰 이유가 투자금에 엄마 돈이 포함되어 있었기 때문이다. 내 돈 잃는거야 그냥 한 번 울고 나면 끝날 일이었지만 엄마 돈을 잃는 것은 이야기가 달랐다. 이미 받았던 3,000만 원도 큰 손실을 보고 있는 판국에 추가로 또 돈을 받았는데 그것마저 손실이 나면 그 고통을 과연 내가 감내 할 수 있을지, 솔직히 자신이 없었다.

그렇게 결정을 못 내리고 있는데 19만 원까지 떨어졌던 현대중공업이 다시 반등을 하면서 어느새 23만 원까지 올랐다.

잠깐, 지금 물타기를 했는데 만약 주가가 40만 원까지 오르면… 갑자기 엄마 돈이 간절해졌다. 그래서 못 이기는 척 하고 엄마에게 4,000만 원을 받았다. 그리고 2,000만 원씩 나눈 다음 바로 현대중공업과 삼영엠텍에 물타기를 했다.

2013년 2월. 현대중공업 주가는 다시 20만 원대가 무너졌지만, 반대로 삼영엠텍 주가는 5,000원을 뚫었다. 세계적인 투자자 '피터 린치'가 몸 담았던 증권사로 유명한 '피델리티'에서 삼영엠텍 주식 5.2%를 보유하고 있다는 공시 덕분이었다. 삼영엠텍의 급등 랠리는 그 뒤로도 계속 되면서 4월에는 주가가 무려 8,000원 대까지 올랐다. 이때 팔았어야 했다….

2013년 6월. '경제 대통령'이라 불리우는 FRB^{미 연방 준비} ^{제도 이사회} 의장이던 '버냉키'가 양적 완화 축소 발언을 하면서 전세계 금융시장이 순식간에 얼어 붙었다. 미국이 기침만 해도 독감에 걸린다는 우리나라 증시의 충격은 특히나 커서 1,900선이던 코스피 지수가 순식간에 1,750선까지 급락해 버렸고 현대중공업 주가도 16만 원 대로 곤두박질 쳤다. 삼영엠텍도 예외는 아니어서 지난 몇 달 간의 상승분을 모두 반납하며 주가는 다시 5,000원 대가 됐다.

삼영엠텍을 7,000원 대에만 팔았어도 최소 2,000만 원은 벌 수 있었었을 텐데, 그 놈의 욕심이 뭔지… 지난 동일본 대지진 때에 이어 또 한 번의 고수익을 낼 수 있는 기회를 놓쳤다는 자책감에 한동안 괴로운 나날을 보냈다. 손실의 고통보다 수익을 내지 못했다는 고통이 정말이지 서 너배는 더 컸다.

2013년 7월. 유럽 경기의 회복으로 '클락슨 신조선가 지수'가 꾸준히 상승하고 있다며, 조선주 분위기가 한 달 만에 갑자기 180도 바뀌었다. 조선 업황의 턴 어라운드가 시작됐다는 식의 언론 기사가 매일 쏟아졌고 그 호재 기사 덕분에 현대중공업은 다시 19만 원 대로, 삼영엠텍은 6,000원 대로 올랐다.

주가가 상승을 하니 초상집 같았던 현대중공업 게시판도 어느새 축제 분위기로 바뀌었다. 그리고 그러한 축제 분위기에 휩쓸려서인지 그러면 정말 안 되는 건데, 또 물타기가 하고 싶어졌다.

2013년 8월. 현대중공업 주가가 20만 원을 돌파한 후 22만 원까지 급등하자 결국 유혹을 이기지 못하고 삼영엠텍을 6,000원 대에서 +30% 수익에 매도하고 그 돈으로 현대중공업을 물타기 했다. 그렇게 현대중공업에만 9,000만 원이 몰빵 됐다.

2013년 9월. 현대중공업의 상승 분위기가 계속 이어지면서 주가가 25만 원을 돌파했다. 분위기를 보니 이러다 다시 50만 원 까지 가는 거 아닌가 하는 생각에 또 물타기가 하고 싶어졌다. 그땐 확실히 제정신이 아니었다.

그러나 더 이상은 돈 나올 구석이 없어 단념을 하려는데, 평소에는 관심도 없던 '주식담보대출' 광고가 그날따라 자꾸 눈에 들어왔다.

주식담보대출은 돈을 빌리고 나서 3거래일 안에 갚아야 하는 '미수거래'와는 달리 상환 기간이 최고 5년까지 연장 할 수 있는 데다 대출 이자는 대략 연 10% 이하로, 수수료와 이자율은 업체마다 천차만별이었다.

알아볼수록 괜찮다는 생각이 들어 네이버에서 '주식담보대출'을 검색해 몇 군데 비교를 해 보다, 결국 키움증권의 주식담보대출을 이용하기로 했다. 연 이자 8.9%월 0.74%에 계좌 평가 금액의 75%까지 대출이 가능했고 취급 · 연장 · 중도 상환 수수료는 없었다.

계좌 평가 금액의 75%까지라서 대충 6,000만 원까지는 대출을 받을 수 있었지만 혹시라도 주가가 하락해 담보 유지 비율인 125% 밑으로 떨어지면 바로 반대매매가 들어올 수도 있어서 4,000만 원 만 대출을 받기로 했다. 이자는 월 30만원 정도로, 적은 돈은 아니었지만 일도 하고 있었고, 무엇보다 현대중공업 배당률이 연 2%가 넘어서 배당금으로도 충분히 충당할 수 있어 이자에 대한 부담은 크게 없었다.

주식담보대출 과정은 정말 단순해서 클릭 몇 번만 하니 거짓말처럼 4,000만 원이 내 주식 계좌로 입금 됐고, 계좌에 4,000만 원이 꽂히자 마자 바로 현대중공업 물타기에 들어갔다.

정리해 보니, 처음에 들어간 4,000만 원에 삼영엠텍을 판 돈

5,000만 원, 거기에 주식담보대출 4,000만 원까지 해서 총 1억 3,000만 원의 돈이 현대중공업에 몰빵 됐다.

호기 좋게 대출까지 받아 물타기는 했다만, 한 종목에 1억 원이 넘는 돈을 몰빵하고 나니 정말 미친 듯이 쫄리면서 단 하루도 마음 편한 날이 없었다. 손님을 만나서도 스마트폰으로 현대중공업 주가를 계속 확인하는 등, 중개 일을 하는 데도 큰 지장이 됐다.

2013년 10월. 다행히 현대중공업 주가는 그 뒤로 꾸준히 상승해 28만 원을 넘었다. 조금 더 들고 가고 싶었지만 내 '간댕이'가 그리 크지는 못했다. 아무래도 마음이 불편해서 결국 주식담보대출 받은 지 한 달 만에 현대중공업 주식을 4,000만 원어치 매도하여 그 돈으로 주식담보대출 받았던 돈을 모두 갚아 버렸다. 그리고 나니 좀 살 것 같았다.

주가가 한창 상승세를 탄 시점에서 판 것이 좀 아쉽긴 했지만, 그래도 레버리지 덕분에 2,000만 원의 수익이 나면서 주식담보 대출금을 갚고도 계좌 평가액은 1억 1,000만 원이 넘어갔다.

현대중공업,
사상 최대 적자가 나다

　　2013년 12월. 겨울 방학 시즌이 되면서 대치동 학원가와 강남역에 있는 재수·토익·편입 학원에 다니기 위해 지방에서 올라오는 학생들의 방을 구해주느라 정신없이 바쁜 날을 보내던 중에, 또 어떻게 하다보니 여자친구가 생겼다.

　　일에다 연애까지, 정말 하루가 어떻게 지나가는지도 모를 정도로 바쁜 날들이 계속 되면서, 도저히 주식까지는 신경을 쓸 수가 없을 것 같아 현대중공업에 당분간 더 묻어두기로 하고 그렇게 한 동안 주식 계좌 한 번 열어보지 않았다. 우량주이니 시간이 지나면 주가가 어련히 알아서 올라있겠지 싶었다.

　　그 뒤로도 눈 코 뜰 새 없이 바쁜 날들이 계속됐고, 어느 덧 7개월이라는 시간이 빠르게 지나갔다.

2014년 7월 30일. 하루는 식당에서 여자친구와 밥을 먹다가 우연히 TV 뉴스 화면 하단에 자막으로 '속보' 하나가 지나가는 것을 보게 됐다.

[속보] 현대중공업, 2분기 1조 1,037억 원 사상 최대 적자

너무 놀라서 들고 있던 숟가락을 떨어뜨렸다. 현대중공업이 1조 원 적자라니… 믿을 수가 없었다.

아까부터 밥 먹다 말고 굳은 표정으로 계속 TV만 멍하니 쳐다보고 있는 내게 여자친구는 무슨 일 있냐고 물었고, 그제서야 정신을 차려서는 아무 일도 아니라며 대충 얼버무리고 다시 밥을 먹는 둥 마는 둥 했다. 밥 먹고 영화를 보는데 2시간 내내 현대중공업 생각만 하느라 내가 무슨 영화를 봤는지 하나도 기억이 안났다.

여자친구와 헤어지고 집에 가는 버스 안에서 스마트폰으로 현대중공업 주가를 확인해 봤다. '15만 원…' 순간 머리가 '띵'한 것이, 누가 망치로 머리를 내리친 줄 알았다. 하마터면 버스 바닥에 주저 앉을 뻔 했다.

'대체 무슨 일이 있던 거야…' 믿을 수 없는 현실에 집에 도착

하자마자 컴퓨터를 켜서 지난 1년 치의 현대중공업 기사를 찾아 봤다.

국내 조선 빅3로 불리우는 현대중공업, 삼성중공업, 대우조선해양은 2008년 금융위기 이후로 계속 줄어드는 선박 수주에 대한 대안책으로 해양 플랜트 시장에 올인하게 됐다. 비싸봤자 척당 1,000~2,000억 원 밖에 안 하는 선박과는 달리 해양 플랜트는 기 당 최소 '조' 단위에 높은 기술력이 요구 되어 값싼 인건비를 무기로 덤벼드는 중국 조선사들에 대항하기 위해서라도 해양 플랜트는 국내 조선사들 입장에서는 필수 불가결적인 선택이었다.

하지만 장미빛 미래를 보장해 줄 것 같았던 해양 플랜트는 시간이 갈수록 오히려 조선 빅3에게는 재앙이 됐다. 선박 건조 기술은 세계 최고 수준인 것에 반해 해양 플랜트 건조 경험은 다소 부족한 탓에 까다로운 발주사의 요구로 인해 납기일을 넘겨 해양 플랜트를 인도하기 일쑤였고, 또 어떻게든 수주를 따내기 위해 빅3 간의 무리한 저가 수주 경쟁으로 황금알을 낳는 거위라고 여겼던 해양 플랜트는 결국 천문학적인 손실을 일으키는 괴물이 되어 버렸다.

당장의 손실보다 지난 몇 년 동안 저가로 수주한 해양 플랜트가 아직도 몇 십기나 있다는 것이 더 큰 문제였다. 그래서 앞으로 얼마나 더 큰 손실이 날지에 대해 아무도 예상하지를 못했다. 현대중공업의 주가가 이렇게 폭락한 것도 단순히 실적이 부진해서라기보다는 이러한 불확실성에 대한 우려가 더 컸기 때문이었다.

2014년 10월. 7월에 주가가 15만 원 대까지 폭락한 이후로 한동안 13~14만 원 대에서 횡보를 하던 현대중공업 주가는 결국 11만 원 대까지 떨어지고 말았다. 3분기 실적도 여전히 부진할 것이라는 증권사들의 몹쓸 전망 때문이었다. 그때라도 미련을 버리고 바로 손절매를 해야 했지만 어쩔 수 없는 개미인지라 차마 그럴 수가 없었다.

현대중공업 주가가 망가져 가면서 평탄했던 나의 삶도 서서히 망가져갔다. 하루 종일 주식 걱정에 중개 일은 점점 뒷전이 됐다. 그러다 나중에는 '다 부질 없다'는 생각에 아예 일도 때려치고는 하루 종일 주식 창만 들여다 봤다. 일을 안 하니 당연히 수입이 없어 시간이 지나면서는 생활고에까지 시달리는 지경이 돼 버렸다.

주식과 생활비의 압박으로 스트레스가 극에 달하면서 오랜만에 다시 위염이 찾아왔다. 그리고 위염에 걸리면 늘 그랬던 것처럼 이번에도 밥 못 먹고 잠 못 자는 날이 한동안 이어졌다.

몸과 마음은 점점 피폐해져 가는 와중에도 현대중공업에 대한 믿음 만큼은 결코 흔들리지 않았다. 지금은 일시적인 위기로 인한 폭락일 뿐, 주가가 곧 반등 할 거라 믿어 의심치 않았다.

그래, 괜히 코스피 우량주겠어?

2014년 10월 30일. 장 마감 후, 현대중공업의 3분기 실적이 발표 됐다.

[속보] 현대중공업, 3분기 영업이익 1조 9,346억 원 적자, 2분기에 이어 사상 최대 적자

한강에 가다

      미지근해진 맥주를 마저 들이키고는 빈 맥주 캔을 벽으로 던져 버렸다. 새벽이라 그런지 '퍽' 하는 빈 캔 소리가 유난히도 크게 들렸다. 침대에 앉아 벽에 등을 기댄 채 맥주를 마시며 그렇게 지난 밤을 지새웠다.

오전 6시. 앞으로 몇 시간 후면 장이 열린다는 생각에 다시 몸이 덜덜 떨려 왔다.

'제발, 이대로 시간이 멈췄으면…' 그러나, 매정한 시계는 한 치의 오차도 없이 마냥 흘러갔다.

취기에 잠깐 잠이 든 사이 어느새 8시 반이 됐다. 잠잠했던 심장이 다시 요동을 치며 몸이 떨리기 시작하더니, 이가 딱딱 부딪히는 소리를 내며 이마와 등 뒤로는 식은 땀이 흘렀다.

하락은 어쩔 수 없다 쳐도 제발, 주가가 5% 이상 급락하지 않기를 바라고 또 바랐다.

하지만 내 헛된 바람일 뿐이었다. 9시 장이 시작되자마자 현대중공업 매도 창구에서는 외국인과 기관이 기다렸다는 듯이 엄청난 매물을 쏟아냈고, 그렇게 쏟아지는 매물에 심리적 저항선이라던 10만 원 선이 너무나도 쉽게 무너져버렸다. 그리고 얼마 안 가서는 9만 원 선마저 무너졌다.

떨리는 손으로 겨우 마우스를 잡아 계좌를 확인해 봤다. −60% 손실에 손실 금액이 5,000만 원을 넘어갔다. 계좌 평가액이 4,000만 원도 되지 않아, 이제 내 돈은 고사하고 엄마가 맡겼던 7,000만 원도 돌려 줄 수 없게 됐다. 그러나 엄청난 손실보다 더 무서운 건, 앞으로 현대중공업 주가가 어디까지 떨어질 지를 아무도 모른다는 것이었다.

'다 끝났다…'

후들거리는 다리를 이끌고 겨우 집에서 나왔다. 도보를 따라 한 시간 가량을 아무 생각없이 좀비처럼 터벅 터벅 걷다가 문득 한강이 보고 싶어져 140번 버스를 타고 반포대교로 갔다. 한강공원 근처 편의점에서 맥주 3캔과 담배, 라이터를 샀다. 금연을 한 지도 어느덧 2년이나 됐지만 이제 그런 건 상관없었다.

반포대교 아래 한강공원 고수부지 계단에 앉아 맥주를 한 모금 들이키고 담배에 불을 붙였다. 허공에 내 뿜은 담배 연기가 공중으로 서서히 사라져가는 것이, 마치 주식 계좌에 있는 내 돈을 보는 것 같아 허탈한 웃음이 나왔다.

　2년 만에 피는 담배라 그런지 연기가 몸 안으로 들어오자마자 머리가 '띵' 하면서 손과 발이 '찡' 하고 저려왔다. 그리고 뱃속에서는 위산이 분비되는지 속이 점점 쓰려왔다.

　'주식하다 망한 새끼…' 불현듯이 떠 오른 말에 눈을 질끈 감았다. 이제 꼬리표처럼 평생 나를 따라다닐 말이었다.

　다들 대 놓고 말은 안 해도 속으로는 그렇게 생각하겠지… 하긴, 그동안 주식 한다고 여기저기 많이도 삐기고 다녔으니, 은근히 벼르던 사람들도 있겠다 싶었다.

　처음 내가 주식투자를 한다고 했을 때 사람들은 이구동성으로 주식은 위험하니 절대 하지 말라며 나를 말렸다. '패가망신 한다'는 말은 덤이었다. 그럴 때마다 난 속으로 혀를 끌끌 찼다. 그런 이야기는 주식에서 실패한 '루저'들이나 하는 거라고 생각했기 때문이다.

　개인 투자자 대부분이 주식투자에서 실패를 한다지만, 왠지 나만큼은 성공 할 수 있을 거라 생각했다. 그냥, 내가 하면 다

될 것만 같았다.

하지만 결국 나도 주식투자에서 실패한 루저가 됐다. 나도 남들과 하나 다를 것 없는 그저 그런 개미일 뿐이었다.

비참했다. 하지만 이것이 주식 하다 망한 내가 받아들여야 할 냉정한 현실이었다.

술이 약해서인지 맥주 2캔에 서서히 취기가 올라왔다. 그리고 입술이 파르르 떨려오더니, 곧 두 뺨 위로 눈물이 흘러 내렸다. 사람들이 볼까봐 얼른 눈물을 훔쳤지만 한번 복 받친 감정을 주체 할 수 없어, 결국 어린 아이처럼 '엉엉' 소리를 내며 목 놓아 서럽게 울었다.

비가 와도 주가가 오르면 기분이 좋았고, 날이 좋아도 주가가 내리면 기분이 울적했다. 그렇게 지난 10년을 주식 생각만 했다. 주식 투자를 하는 내내 힘이 들었지만, 그래도 언젠가 보상 받는 날이 반드시 올거라 굳게 믿으며 그렇게 버텨왔다.

그러나 이제는 '내일은 주가가 또 얼마나 떨어질지'를 생각하는 것 만으로도 몸이 떨릴 정도로 모든 게 너무나 두렵고 무서웠다.

희망이 보이지 않았다. 아무리 뛰어도 닿을 수 없는 10미터 높이의 담장 앞에 서 있는 것 같았다. 이제 바라는 건 없었다.

그저, 어떻게 하면 이 두려움과 고통에서 벗어날 수 있을까, 그 생각만 들었다.

'그냥 이대로 죽어 버리면 마음은 좀 편해지지 않을까…' 한강 물 흐르는 소리가 점점 달콤하게 들려왔다.

그때 알았다. 사람들은 극단적인 선택을 하러 한강에 가는 게 아니었다. 한강에 오고 나니 극단적인 선택을 하는 거였다.

그런데 막상 죽음을 생각하니 마음에 걸리는 게 하나 있었다. 물론, 5,000만 원이 결코 적은 돈은 아니지만, 그래도 우리집이 중산층 이상은 되는데… 5억 원도 아니고, 고작 5,000만 원 때문에 죽음을 택한다면 집에서 날 뭐라고 생각할지, 그게 왠지 좀 그랬다.

연거푸 담배를 피며 한참 동안 생각에 생각을 거듭한 끝에, 결론을 내렸다.

'그냥 살자… 아니, 죽을 때 죽더라도 엄마가 맡긴 7,000만 원은 돌려주고 죽자.'

그렇게 생각을 정리하고 나니 방금 전까지 목 놓아 울었던 것이 괜히 머쓱해져, 바로 자리에서 일어나 마치 아무 일도 없었던 것처럼 빈 맥주 캔과 담배를 비닐 봉지에 담아 쓰레기통에 갖다 버렸다. 그리고 부은 눈을 보면 혹시라도 사람들이

'쟤 운다' 할까봐 손으로 얼굴을 가리고 도망치듯 재빨리 한강을 빠져 나왔다.

한강에 갔다 온 이후로 최대한 바쁘게 살기 위해 갖은 노력을 다했다. 구청에 가서 휴업을 신청을 해 놨던 중개 사무소를 재개업하고, 금액이 많든 적든 간에 손님이라면 가리지 않고 무조건 만났다. 또, 혼자 있으면 우울할까봐 퇴근 뒤나 주말에는 무조건 여자친구를 만나거나, 아니면 친구라도 불러내서 어떻게든 혼자있는 시간을 최대한 피했다.

2014년 11월 말. 한강에 다녀오고 한 달 정도 지났을 때였다. 스마트 폰으로 뉴스를 보다가 우연히 현대중공업 기사를 보게 됐다.

'현대중공업, KCC의 지분 취득 결정에 급등'

'급등…' 쿵쾅 거리는 심장을 가까스로 진정시키고 나서 심호흡을 한 번 하고 현대중공업 주가를 확인해 봤다. 주가가 5만 원 까지 떨어져 있으면 스마트폰을 던져 버릴라 그랬는데, 다행이… 13만 원이었다.

'살았다…' 다리에 힘이 풀려 바닥에 그대로 주저 앉았다. 가슴이 벅차 오르면서 눈물이 날 것 같았다. 아직은 엄마가 맡긴 7,000만 원에는 한참 미치지 못했지만, 그래도 조금이나마 희망이 보이는 듯 했다.

그러나 희망이 다시 절망으로 바뀌는 데는 그리 오랜 시간이 걸리지 않았다.

2015년 1월. 컴퓨터 마우스를 잡고 있는 손이 다시 덜덜 떨려 왔다.

'현대중공업, 주가 급락세, 10만 원 마저 깨져…'

'쌍, 또 왜…' 진짜, 내가 무슨 전생에 나라라도 팔아 먹었나 싶었다.

다시 속이 쓰려오기 시작했다. 마치 카터칼을 삼킨 것 마냥 내장이 갈기 갈기 찢기는 듯이 아팠다. 밤에 자는데 속이 너무 아파 차라리 그냥 이대로 죽었으면 싶었다.

그래도 진짜 죽기는 싫어서 결국 최후의 수단을 쓰기로 했다.

우선, 컴퓨터의 HTS와 스마트폰의 MTS를 싹다 지웠다. 그리고 뉴스를 보지 않기 위해 인터넷 첫화면을 네이버에서 구글로 바꾸고, TV도 다른 방으로 옮겼다. 또, 책장에 꽂혀있던 주식 책들을 전부 박스에 봉 하고서는 베란다로 치워 버렸다. 마지막으로, 10년 넘게 구독해 왔던 매일경제 신문을 눈물을 머금고 절독 했다.

설거지 아르바이트를 하다

그 뒤로 1년 가까이를 뉴스도 안 보고 정말 원시인처럼 살았다. 그래서 세상으로부터는 완전히 소외되긴 했지만, 그래도 덕분에 주식은 확실히 끊을 수 있어서 위염 증세는 거의 사라지다 시피했다.

2015년 12월. 그렇게 1년을 피해 다녔것만, 간만에 인터넷으로 뉴스를 보다가 또 현대중공업 기사를 눈에 담게 됐다.

"15일 현대중공업 주가는 1,200원 하락한 8만 7,800원에 마감했다. 어쩌고, 저쩌고…"

뱃 속에서 위액이 다시 부글 부글 끓기 시작했다.

이제 그만 좀 하자… 진짜, 사는 게 너무 힘이 들었다.

2016년 1월. 현대중공업 때문에 힘든 와중에 설상가상으로 또 다른 아픔이 나를 찾아왔다. 여자친구와 헤어지게 된 것이다.

주식도 망하고 여자친구랑도 헤어지고… 인생이 이렇게 '지랄' 같을 수가 없었다.

여자친구와의 이별 후폭풍은 현대중공업 주가가 폭락할 때만큼이나 컸다. 아침에 일어나기도 싫고, 밥도 먹기 싫고, 말도 하기 싫고… 정말 아무것도 하기 싫었다. 그래서 출근도 안 하고 아무도 안 만나고 한동안 폐인처럼 집 안에만 쳐 박혀 지냈다.

이별에는 시간이 약이라던데, 2주일이 지났지만 이 '우울함'은 도통 가실 기미가 안 보였다. 거기에 불면증 때문에 잠을 못 자니 신경이 점점 날카로워지는 탓에 하루 종일 괜한 짜증과 신경질만 늘어가면서, 새벽에는 이따금씩 극단적인 생각도 들었다. '이런 게 우울증인가' 싶었다.

2016년 2월. 이러다 또 한강 가겠다 싶어 어떻게 하면 이 우울함을 떨칠 수 있을까 생각 하다가 '몸이 힘들면 우울함이 좀 가신다'는 인터넷 글을 참고로 진짜 '빡쎈' 아르바이트를 한 번 해 보기로 했다.

빡쎈 아르바이트 하니 처음에 떠 오른 것은 '택배 상하차'였다. 그러나 인터넷 후기를 몇개 읽어보니 '이건 진짜 죽을수도 있겠다'는 생각에 바로 포기하고, 3군데의 아르바이트 면접을 본 끝에 한 대학교 안에 있는 식당에서 설거지 아르바이트를 하게 됐다.

낮 11시부터 2시까지 하루 3시간 근무에 시급은 8,000원으로 꽤 쎈 데다 점장님 말로는 일이 꽤나 힘들거라고 하니, 조건이 이보다 더 좋을 순 없었다.

점장님은 거짓말을 못하는 분이셨다. 아직 개강 전인데도 학교에 나오는 학생들이 많아서인지 점심 시간은 꽤나 바빴다. 내가 그다지 손이 느린 편이 아니었음에도 설거지를 끝내면 또 다른 설거지 거리가 들어오고, 끝내면 또 들어오고 하는 식으로, 11시부터 손님이 뜸해지는 1시 반까지 2시간 반을 쉬는 시간 없이 내리 설거지만 했다. 그렇게 2시에 대충 마무리를 하고 나면 직원들이랑 뒤늦은 점심을 먹었는데, 그땐 이미 반 쯤 넋이 나간 상태라 입에 뭘 넣고 씹기는 하는데 정말 아무 맛도 나지 않았다. 기업의 주가가 높은 데는 다 이유가 있는 것처럼, 아르바이트도 시급이 쎄면 쎈 만큼의 이유가 있었다.

그래도 매일 정신없이 설거지만 하다보니 다행히 우울함이 좀 가시긴 했다.

2016년 3월. 학교가 개강을 하면서 말 그대로 '헬 게이트'가 열렸다. 설거지 거리가 개강 전에 비해 최소 배 이상은 늘어났는데, 정말… 죽을 것 같았다. 시간이 지나도 일이 익숙해지기는커녕, 계속 늘어나는 설거지 거리에 팔·다리·어깨·무릎까지 진짜 안 아픈 곳이 없어서 퇴근을 하면 거의 기다시피 집에 가야 했다.

아르바이트 3주 째, 이별의 고통이고 지랄이고 간에 이러다가 진짜 골병 들겠다 싶어 일단은 살고 보자는 생각에 결국 한 달도 채우지 못하고 설거지 아르바이트를 그만뒀다.

"푸…푸후!!"

아르바이트 마지막 날에 퇴근을 하는데 진짜 어찌나 좋던지, 나도 모르게 입에서 터져나오는 웃음을 참으며 교문까지 몇 백 미터나 되는 교정을 미친듯이 뛰어갔다.

아르바이트를 그만둔 뒤에도 왼쪽 손목이 계속 아파 한동안 한의원에 침을 맞으러 다녔다. 손이 모자라 한 손으로 식판을 들고 나르던 것이 무리를 준 듯 했다.

참고로, 그때 다친 손목은 2년이 지난 지금까지도 후유증으로 남아 몸이 피곤할 때면 간헐적으로 쑤시곤 한다.

비록 손목은 망가졌지만 그래도 아르바이트 덕분인지, 아니면 시간이 약이었는지 우울함이 많이 가시면서, 부동산 중개 일을 재개하며 원래의 내 생활로 다시 돌아가게 됐다.

경주 지진이 나다

2016년 7월. 진짜 안 보려고 했는데… 현대
중공업이 아무래도 언론의 관심을 많이 받는 코스피 대형주라
그런지 인터넷을 하다 보면 불현듯이 튀어나오는 기사까지 어
떻게 안 볼래야 안 볼 재간이 없었다. 이왕 이렇게 또 보게 된
거, 이제 될 대로 되라는 자포자기 심정으로 현대중공업 주가
를 검색해 봤다. 다행히 11만 원 대로 전 보다는 올라 있었다.

문득 삼영엠텍도 생각나 검색해보니 3,700원 대였다. 현대
중공업과 마찬가지로 삼영엠텍도 바닥을 찍고 서서히 올라오
고 있는 중이었다.

갑자기 삼영엠텍 주식이 사고 싶어졌다. 맨날 현대중공업만
들고 가는 게 너무 지겨워 뭔가 변화를 좀 주고 싶었다. 당시
는 현대중공업과 삼영엠텍 외에 다른 종목은 아예 눈에 들어

오지도 않았다.

결국, 현대중공업을 11만 원 대에 전량 매도하고 그렇게 생긴 4,500만 원으로 삼영엠텍을 3,700원에 전부 몰빵했다.

그 뒤로 다행히 삼영엠텍은 4,000원 넘게 오르며 나쁘지 않은 흐름을 이어 나갔지만, 현대중공업도 14만 원으로 삼영엠텍보다 더 오르면서 나를 무척이나 짜증나게 만들었다.

2016년 9월 12일. 여름 더위가 슬슬 물러나던 무렵, 경주에 큰 지진이 났다는 속보가 떴다. 지진 규모는 5.8로, 언론에 따르면 한반도 지진 관측 이래 최대 규모라고 했다.

규모 5.8 정도면 지진이 밥 먹듯이 나는 일본에서는 뉴스 거리도 안 됐겠지만 '지진 안전국'으로 여겨왔던 우리나라로써는 TV에서 정규 방송까지 중단하고 하루종일 관련 뉴스 속보를 내 보낼 정도로 기겁할 만한 소식이었다.

나도 처음에는 그냥 지진이 났나 보다 하다가, TV에서 지붕과 벽이 무너지고 상가 유리문이 깨지는 장면을 보고 나서야 사태의 심각성을 깨닫게 됐다.

'아!!!!!' 나도 모르게 소리를 지르며 자리에서 벌떡 일어났다. 삼영엠텍이 지진 관련주라는 걸 깜빡하고 있었기 때문이다.

다음날 오전, 떨리는 마음으로 삼영엠텍 주가를 확인해봤다. 5,500원, 상한가였다.

상한가로 장을 마감한 삼영엠텍은 다음날에도 상한가인 7,150원 까지 올랐다. 그리고 그 다음날에는 상한가는 아니었지만 그래도 8,000원 넘게 급등했다.

수익이 얼마나 났는지 룰루랄라 하며 계산기를 두드리고 있는데, 삼영엠텍 주가가 갑자기 급락세로 돌아서더니만 순식간에 8,000원 대가 깨져 버렸다.

'팔까, 말까…' 입술이 바싹 마르고 이마에서는 땀이 흘러 내렸다. 그렇게 계속 고민을 하는데 잠시 횡보를 하던 주가가 또 급락하기 시작했다.

순간, 지금 팔지 않으면 지난번 '동일본 대지진' 때처럼 또 닭 쫓던 개 신세가 된다는 생각에 재빨리 MTS를 실행해 7,300원에 삼영엠텍을 후다닥 전량 매도해 버렸다.

8,000원 대의 고점에서 팔지 못한 것이 많이 아쉽긴 했지만, 그래도 100%에 가까운 수익을 내면서 투자금은 다시 9,000만 원으로 크게 불어났다.

경주 지진이 발생 한 지 한 달도 채 되지 않아 삼영엠텍 주가는 다시 5,000원 대로 떨어졌다. 계속 들어갈 기회만 엿 보던 나는 며칠 더 눈치를 보다가 평균 단가 5,100원에 7,000만 원 어치 재매수에 들어갔다. 경주에는 여전히 수십 차례의 여진이 계속되고 있어서 곧 정부 차원의 대대적인 지진 대책이 나올 거라는 것이 내 생각이었다. 지진 대책의 핵심은 결국 '내진설계'일 것이고, 그렇다면 내진 제품을 생산하는 삼영엠텍이 실질적인 수혜를 입을 거라는 나름대로의 치밀한 계산이 있었다.

그러나 시간이 지나도 정부에서 이렇다 할 대책이 나오지 않으면서 삼영엠텍 주가는 다시 5,000원 밑으로 떨어져 버렸다. '아무래도 섣부른 투자 결정을 했다' 싶으면서, '잘못하면 또 돈을 잃겠다'는 생각에 겁이 나서 약간의 손실을 보고 삼영엠텍을 전량 손절매 했다.

2016년 12월 중순. 내 생각이 맞았다. 황교안 당시 국무총리가 내진설계 의무화에 대한 언급을 하면서 삼영엠텍 주가가 다시 상한가인 6,720원까지 치 솟은 것이다.

'옘병…' 전에 수익 봤던 기억은 이미 잊은 채, 그저 수 천만 원을 벌 수 있는 기회를 내 발로 차버렸다는 사실에 너무나도 분통이 터졌다. 진짜, 너무 화가나 이틀 정도는 밥도 못 먹었다.

그러다 하루는 TV에서 경주 지진 특별 방송을 보게 됐다. 그동안 정신없이 주식을 사고 파느라 몰랐는데, 규모 5.8 지진 이후로도 경주에서는 수십 차례의 여진이 있었고, 그로 인해 삶의 터전을 잃은 수 많은 이재민들은 수 개월이 지난 아직까지도 체육관에서 힘든 생활을 이어나가고 있었다.

TV에서 그 이재민들의 모습을 보는데, 왠지 남의 불행을 이용해 돈을 번 것 같아 마음이 너무나도 불편했다. 그래서 조금이나마 마음의 짐을 덜고자, 비록 많은 돈은 아니었지만 삼영엠텍으로 얻은 수익금 중 일부를 경주 지진 피해 성금으로 냈다.

다시 주식공부를 하다

       9,000만 원으로 다시 투자에 나설 채비를 하다가 잠시 투자를 보류했다. 내가 너무 설레여 하고 있었기 때문이다. 그동안의 내 투자 패턴으로 봤을 때 이렇게 '텐션'이 높은 상태에서 투자에 임한다면 십중팔구는 엄청난 손실이 날 것이 분명했다.

이게 어떻게 복구한 돈인데… 또 돈을 잃게 될까봐 두려웠다.

일단 흥분부터 가라 앉혀야겠다 싶어 책이라도 읽으려고 지난 2년 가까이를 박스에 봉해 놨던 주식 책들을 다시 꺼냈다. 그리고 한 책에서 '롱텀 캐피털 매니지먼트'라는 투자 회사의 흥망성쇄에 대한 이야기를 읽게 됐다.

롱텀 캐피탈 매니지먼트는 노벨상 수상자인 마이런 숄즈와 월가의 스타였던 존 메리웨더가 1994년에 공동 설립한 투자

회사로, 노벨상 수상자들이 운용하는 투자회사라는 것도 큰 이슈가 됐지만, 회사 설립 이후로 1997년 까지 연평균 34라는 엄청난 수익률을 올리며 전세계적인 관심을 받게 됐다.

그러나 이렇게 잘 나가던 투자 회사도 망하는 건 한순간이었다. 1998년 러시아의 갑작스러운 모라토리엄 선언으로 인해 당시에 롱텀 캐피탈 매니지먼트가 다량으로 보유하던 러시아 채권이 순식간에 휴지 조각이 되면서 롱텀 캐피탈 매니지먼트는 결국 1,000억 달러의 손실을 입고 그대로 파산해 버렸다.

롱텀 캐피탈 매니지먼트 이야기는 내게 시사하는 바가 아주 컸다. 아무리 노벨상을 탄 천재들이라 해도 모라토리엄이나 전쟁과 같은 대외적인 변수까지 정확히 예측하는건 절대 불가능 하다는 것을 일깨워 준 것이다. 하물며 공부의 '끝판왕'이라고도 할 수 있는 노벨상 수상자도 투자에서 저리 실패를 하는 마당에 나 같은 개미가 그깟 PER, PBR 수치나 들이대며 주가를 예측한다고 '깝쳐' 댔으니, 지나가던 개도 웃기는 커녕 정색하고 갈 일이었다.

그렇게 롱텀 캐피탈 매니지먼트 이야기 덕분에 내 능력으로는 죽었다 깨어나도 주식을 완벽하게 분석하고 예측할 수 없다는 걸 인정하게 되면서 다시 새로운 고민이 시작됐다.

그럼, 나 같은 개미 투자자가 주식시장에서 살아남을 수 있는 방법은 아예 없는 건가?

그에 대한 답을 찾고자, 나는 다시 도서관으로 향했다.

기본으로 돌아가자는 생각에 워렌 버핏과 피터 린치, 필립 피셔 등, 지난 날 아무 생각 없이 단순히 읽기만 했었던 고전 투자 명저들을 모조리 찾아 책상 위에 쌓아 두고는 천천히 한 권 씩 읽어 내려갔다. 확실히 마음 가짐이 달라져서인지, 전에 이미 한 번씩은 읽었던 책들이었음에도 불구하고 그날따라 읽는 족족 글자 하나 하나가 가슴에 와 닿았다.

그 중에서도 워렌 버핏 책의 한 대목이 특히나 내 마음을 흔들어 놨다.

투자 법칙 1, "절대 잃지 마라."
투자 법칙 2, "위의 투자 법칙 1을 절대 잊지 마라."

주식투자를 하는 사람이라면 누구나 아는 워렌 버핏의 투자 법칙이었다. 나도 그동안 직·간접적으로 최소 500번 이상은 보고 들었던 것 같은데, 이 고리타분하고 뻔하디 뻔한 투자 법칙이 그날따라 이상하게 가슴을 후벼 파면서도 머릿 속으로는 자꾸 곱씹게 만들었다.

책을 덮고 나서 지난 10년이 넘는 동안의 내가 했던 투자를 떠올려 봤다.

생각해 보니 그동안 내게 있어 주식투자의 궁극적인 목표는 수익의 극대화였을 뿐, 리스크에 대해서는 단 한 번도 관심을 가져 본 적이 없었다. 그래서 나의 선택은 언제나 몰빵, 또 몰빵이었다. 물론, 몰빵으로 운 좋게 큰 수익을 낸 적도 더러 있긴 했지만, 종국에는 언제나 큰 손실로 귀결 됐다. 문제는 큰 손실이 난 뒤에 잠깐은 '이러면 안 되지'하다가도, 결국에는 또 몰빵을 선택한다는 거였다. '투자'가 아니라 그냥 '도박'을 한 셈이었다.

'잃지 않는 투자…' 어쩌면 이게 내가 찾는 답일 수도 있다는 생각이 들어, 이번에는 '안전 마진'과 '리스크 관리' '포트폴리오 운용'에 관한 책 들을 잔뜩 가져왔다. 그리고 여러번 탐독한 끝에 잃지 않는 투자를 하기 위해서는 결국 '분산 투자'가 전제 되어야 한다는 아주 심플한 결론을 얻게 됐다.

참고로, 그때 봤던 책들 중에서는 고전 투자 명저들을 제외하면 앨런 베넬로 등 3명이 공저한 '집중 투자'와 마법의 성이라는 노래로 유명한 가수이자 증권사 애널리스트인 김광진이 쓴 '지키는 투자', 그리고 커크 카자지안이 쓴 가치투자 펀드매니저들과의 Q&A 형식으로 진행되는 '가치투자를 말한다'가 괜찮았다.

본격적인 실전 투자에 앞서 500만 원으로 테스트 삼아 주식 10 종목을 매수해 보기로 했다. 먼저 부채비율, 당좌비율 등의 재무상태와 PBR, PER 수치를 기준으로 업종별로 후보군들을 선별하고, 그 중에서 최근 몇 개월 사이에 주가 낙폭이 유독 컸던 10개의 종목을 최종적으로 골라 종목 당 50만 원 씩 매수했다. 주식을 매수한 이후로는 종목별로 주가가 왜 오르고 내리는지, 또 그에 따른 전체 수익률이 어떻게 변하는지를 매일 모니터링 했다.

몇 주 동안 주가 추이를 지켜보니 10 종목으로 분산투자를 하는 것이 한 종목에 몰빵 할 때 보다 확실히 리스크가 덜하긴 했다. 하지만 안전한 만큼 수익률은 형편 없었다. 어쩔 수 없는 '로우 리스크, 로우 리턴'이었다.

그 뒤로는 종목 수를 8개, 그 다음에는 5개, 3개까지 줄이면서 또 업종을 바꿔 보거나 매수 타이밍을 다양하게 잡는 등, '수익'과 '안전'이라는 두 마리 토끼를 모두 잡아보고자 나름의 고군분투가 계속됐다.

그리고 그 과정들을 통해 지난 10년 넘게 종교처럼 믿어왔던 '저 PER, 저PBR'에 대한 환상과 무조건 바닥에서 매수해야 한다는 욕심, 그리고 '절대로 손절매는 안 한다'는 부질없는 신념까지 하나 하나 내려 놓을 수 있게 됐다.

억을 넘다

2017년 1월. 이제는 실전이었다. 첫 번째 타겟은 2016년 말에 4만 4,000원까지 떨어졌다가 다시 5만원 대로 반등한 LG전자였다. 5만3,000원에 3,000만 원 어치 매수했다.

지난 몇 년 동안 LG전자의 발목을 잡았던 MC모바일 사업부가 여전히 부진하긴 했지만, 그나마 적자폭이 근래 들어 많이 줄었고, 또 2016년부터 매출이 급증하기 시작한 TV, 에어컨 등의 가전 사업부 덕분에 2017년 1분기는 호실적이 확실해 보였다. 그 때문인지 외국인과 기관은 한 달 전부터 LG전자의 주식을 집중적으로 사들이고 있었다.

삼성SDI도 11만 원에 3,000만 원어치 매수했다. 미국의 전기 자동차 회사인 '테슬라'의 주가가 2017년에 들어서 가파르게 오르는 것을 보니 전기차 배터리를 만드는 삼성 SDI도 곧 가겠다 싶었다.

처음에는 삼성SDI와 LG화학를 두고 뭘 살지 고민이 됐다. 재무 상태나 실적만 보면 LG화학이 삼성SDI보다 단연 월등했지만, 삼성SDI 주가 낙폭이 워낙 심해서 일단 가격 메리트가 있었고, 연초부터 실적 개선에 대한 이야기가 심심찮게 나오고 있던 상황인데다, 주가가 저점인 9만 원에서부터 꾸준히 상승하는 게 뭔가 있다는 생각이 들었다. 삼성SDI도 연초부터 기관과 외국인의 꾸준한 순매수가 이어져오고 있었다.

LG전자와 삼성SDI 둘 다 이미 바닥에서 20%나 오른 상황에서 매수할 생각을 하다니, 예전 같았으면 정말 상상할 수도 없는 일이었다. 확실히 내 투자관이 많이 달라진 것을 느꼈다.

하지만 바뀌지 않는 것도 있었다. 남은 3,000만 원으로는 14만 원에 또 현대중공업을 샀다. 아무래도 미련이 남았다. 아니, 어쩌면 애증인지도 모르겠다.

장이 좋아서인지 LG전자와 삼성SDI, 현대중공업 모두 매수 이후로 주가가 꾸준히 상승했다. 그중에서도 특히 현대중공업의 상승이 무척이나 기뻤다. 아무래도 사랑인가 보다.

2017년 4월. 현대중공업에서 놀라운 공시가 하나 나왔다.

'인적 분할' 공시였다.

기업을 분할하는 방식에는 크게 '인적 분할'과 '물적 분할'로 나뉘어진다.

인적 분할은 기업이 2개 혹은 그 이상으로 분리가 되면서 기존 기업의 주주들은 분할로 인해 새로 생기게 되는 기업의 주식을 일정 비율로 배분 받게 되는 방식으로, 이때 새로 신설된 기업은 인적 분할 이후 바로 주식 상장이 가능했다.

물적 분할도 기업이 여러 개로 분리가 되는 것은 마찬가지지만 인적 분할과는 달리 새로 생기게 되는 기업의 주식은 비상장 주식으로, 주식도 100% 기존 기업이 보유하게 되는 거였다.

현대중공업은 배를 만드는 조선 사업부와 굴삭기를 만드는 건설기계 사업부, 발전기를 만드는 전기 사업부, 산업용 로봇을 만드는 로봇 사업부, 그리고 정유소 등 석유와 관련된 사업을 하는 현대오일뱅크가 합쳐진 회사로, 앞으로 인적 분할이 되면 현대중공업, 현대건설기계, 현대일렉트릭, 현대로보틱스의 4개의 회사로 분리가 된다. 그리고 한 달 후에 4개의 회사가 각각 재상장하게 되면서 나 같은 기존의 현대중공업 주주들은 새로 상장되는 4개 회사의 주식을 미리 정한 비율대로 지급 받게 될 예정이었다.

2017년 5월 1일. 16만 5,000원에 한 달 동안 거래가 정지 됐던 현대중공업은 앞서 말한 4개의 회사로 각각 쪼개져 주식 시장에 재상장 되었다. 계좌를 열어보니 현대중공업 외에 현대건설기계, 현대일렉트릭, 현대로보틱스 주식이 추가되어 있었다.

그런데 계좌 평가액을 보고 깜짝 놀랐다. 계좌 평가액이 인적 분할 이전보다 1,000만 원 정도 늘어나 있었기 때문이다. 인적 분할 이벤트 덕분에 한달 만에 30%의 추가 수익이 나면서 졸지에 50%가 넘는 수익이 났고, 그날 현대중공업을 비롯한 현대로보틱스 · 현대건설기계 · 현대일렉트릭 주식을 모두 매도를 하면서, 드디어 10년 가까이 이어져 온 현대중공업과의 질긴 인연의 종지부를 찍게 됐다.

'잘 가라, 현대중공업.'

2017년 6월. 연초부터 상승 탄력을 받은 코스피 지수가 어느새 2,300을 넘어섰다. 덕분에 LG전자와 삼성SDI의 주가도 많이 올라 5만3,000원에 매수했던 LG전자는 8만5,000원, 11만 원에 매수했던 삼성SDI는 16만 원까지 올랐다. 목표했던 수익률 50%를 달성하기도 했고, 때마침 다른 종목들이 눈에 들어와 두 종목도 모두 전량 매도했다.

그렇게 현대중공업과 LG전자, 삼성SDI 까지 모두 50% 이상의 수익을 내면서 9,000만 원이던 계좌 평가액은 1억 5,000만 원으로 크게 불어났다.

코스피에 비해 코스닥이 덜 올랐다는 생각에 이번에는 코스닥 종목인 에버다임에 3,000만 원, 다우기술에 3,000만 원, 그리고 코스닥 ETF^{주가상장지수펀드}인 '코덱스 코스닥 150'에 4,000만 원을 투자했다.

에버다임은 소방차 같은 특수차와 콘크리트 펌프 트럭 등의 건설 기계를 만드는 회사였다. 매수 이유는 문재인 대통령의 후보 시절 대표 공약인 '소방 공무원 처우 개선' 때문이었다. 이제 대통령이 됐으니 공약만 제대로 이행된다면 소방차에 대한 수요 증가로 인해 수혜를 입을 거라 기대 됐다.

다우기술은 키움증권의 최대 주주로, 역사적으로 봤을 때 증시 상승장에서는 언제나 증권주가 크게 올랐었기에, 지금 같은 장 분위기라면 온라인 증권사 1위 업체인 키움증권과 더불어 최대주주인 다우기술 주가 또한 크게 상승할 거라는 생각이 들었다.

코덱스 코스닥 150은 코스닥 지수가 오르면 그에 맞춰 오르게끔 설계가 되어 있는 상품이었다. 당시에 새로 출범한 문재인 정권에서 중소벤처기업부를 새로 창설하는 등, 역대 민주정부들의 특성상 앞으로는 대기업보다 중소기업 위주의 정책을 펼칠 것으로 보였고, 그렇게만 된다면 그동안 소외되었던 코스닥 종목들도 크게 상승하면서 당연히 코스닥 ETF도 덩달아 상승할 거라 기대 됐다.

매수 한 지 일주일도 안 되어 에버다임과 다우기술이 살짝 튀어 올랐지만, 그 뒤로 두 종목 다 큰 변동은 없었다. 그러다 갑자기 다른 종목들이 눈에 들어와 결국 매수 한 지 두 달이 채 안 됐을 때 에버다임과 다우기술을 +15% 수익에 전량 매도했다.

2017년 8월. 이번에는 제이씨현시스템과 해마로푸드서비스를 각 4,000만 원씩 해서 총 8,000만 원 어치 매수했다. 매수가는 제이씨현시스템 6,800원, 해마로푸드서비스 1,900원 이었다.

제이씨현씨스템은 메인보드와 그래픽 카드 등의 컴퓨터 부품 수입·유통하는 '용산 전자상가'의 신화로 불리우는 회사였다. 그러나 내가 정작 이 회사에 관심을 갖게 된 이유는 제이씨현시스템이 세계 1위 드론 업체인 중국의 DJI 제품을 국내 수입·유통하고 있었기 때문이다.

매년 엄청난 성장을 거듭하고 있는 세계 드론 시장에 비해 우리나라 각종 규제 때문에 아직 걸음마 단계에 불과했다. 그래도 위기 의식은 있었는지 최근에는 국토교통부에서 4차 산업의 일환으로 국내 드론 시장을 키운다며 700억 원 대에 불과한 국내 시장 규모를 2020년까지 4조 원 대로 키운다는 발표를 했다.

국내 드론 시장 점유율의 대부분도 DJI가 차지하고 있어서 시장이 커지면 커질수록 제이씨현시스템의 드론 매출도 자연스레 늘어나는 구조이니, 가장 큰 수혜를 입을 거라 기대 됐다.

또, 제이씨현시스템은 국내 그래픽 카드 시장 점유율 1위 회사이기도 해서 주식시장에서는 비트코인 관련주로도 분류되고 있었다. 비트코인과 같은 암호 화폐를 채굴하기 위해서는 성능 좋은 그래픽 카드가 필수였기 때문이다. 이러한 비트코인 열풍에 최근 들어 그래픽 카드가 불티나게 팔리는 중이었다.

국토부 발표대로라면 몇 년 안에 국내 드론 시장 규모가 지금보다 50배 이상 커진다고 하고, 그래픽 카드도 동이 날 정도로 잘 팔리고 있고, 또 제이씨현시스템 매출액을 보면 매 년

두 자릿 수 이상 성장 중인데다 부채비율은 50%대에 불과하니, 도저히 안 살 이유가 없었다.

해마로푸드서비스는 싸이버거로 유명한 '맘스터치'를 운영하는 회사였다. 내가 주로 다니는 동선에는 맘스터치 매장이 없어, 사실 이 종목에 관심을 갖기 전까지는 맘스터치 하면 그냥 '싸이버거 파는 햄버거 가게' 정도로만 여겼었다. 그러나 현실에서의 맘스터치 위상은 내가 생각했던 것 이상이었다. 인터넷에서 맘스터치에 대한 호평이 상당하다는 것도 놀라웠지만, 그보다 더 놀라웠던 것은 맘스터치가 맥도날드에 이어 국내 2위의 햄버거 프랜차이즈 라는 사실이었다.

최근 매년 두 자릿수의 성장률을 기록 중이던 해마로푸드서비스는 이미 베트남, 태국 등의 동남아 시장과 미국 시장 등으로 해외 진출까지 한 상태였고, 2017년 3월에는 맘스터치를 이을 차세대 성장 동력으로 수제피자 브랜드인 '붐바타'를 런칭하기도 해서 앞으로의 더 큰 성장이 기대 됐다.

2017년 11월. 해마로푸드서비스의 3분기 매출액이 전년 동기 대비 20% 상승에 영업이익은 무려 200%나 상승했다. 그리고 이러한 호실적에 힘입어 10월까지만 해도 1800~1900원 대에서만 횡보하던 주가가 11월에 들어서면서 2,000원을 돌파

했고, 11월 말에는 단숨에 2,400원까지 올랐다. 그러나 호실적에 비해 주가 움직임이 왠지 둔해 보이는 것이, 곧 하락 할 것 같다는 생각에 일단 20%의 수익에 만족하고 해마로푸드서비스를 모두 매도했다.

6,000원대에서 지루한 횡보를 이어가던 제이씨현시스템도 11월 중순에 3분기 호실적이 발표 되면서 드디어 7,000원을 넘어섰다. 그리고 '배틀 그라운드'라는 컴퓨터 게임의 인기에 전국의 PC방들이 모두 컴퓨터 사양을 업그레이드 할 것이라는 전망과 함께, 비트코인 가격이 1코인당 1,000만 원을 넘어서면서 전세계적인 비트코인 채굴 붐이 일어나며 그래픽 카드 가격이 2배나 뛰었다는 소식에 제이씨현시스템 주가는 단숨에 8,000원을 넘어섰다.

2017년 12월. 코스닥 시가총액 1위인 셀트리온를 비롯한 바이오주 주가가 미친듯이 오르면서 연 초 650선이던 코스닥 지수도 800선까지 크게 올랐다. 덕분에 6월에 1만100원에 매수했던 '코덱스 코스닥 150'도 1만4,000원으로 급등했다. 하지만 며칠 후 다시 주가가 1만3,000원 대로 떨어지자 나는 +35% 수익에 코덱스 코스닥 150을 전량 매도했다.

2017년 한 해가 거의 끝나가는 12월 말에 문재인 대통령의 드론 사업을 육성하라는 지시가 떨어지면서 제이씨현시스템 주가는 단숨에 1만 원을 돌파 했고, 11월에 1,000만 원을 넘긴 비트코인 가격이 다시 한 달 만에 무려 2,000만 원 넘게 뛰면서 제이씨현시스템의 주가는 무려 1만4,000원 대로 폭등했다.

'수익률 +120%' 주식투자를 시작한 이래로 역대 최고 수익률이었다.

와, 진짜 이게 꿈인가 싶었다.

꿈이었다. 잠깐 1만4,800원까지 오른 제이씨현시스템은 바로 급락했고, 결국 다음날 +90% 수익에 제이씨현시스템을 전량 매도했다.

2017년 1월부터 12월까지 1년 동안 연이은 투자 성공에 계좌 평가액이 2억 원을 넘어갔다. 그리고 엄마 몫을 제외한 내 자산도 드디어 1억 원을 넘겼다. 주식투자를 시작한 지 12년 만에 이룬 쾌거였다.

그렇게 계좌에 2억 원을 찍던 날, 자축의 의미로 늘 점심으로 먹던 5,000원짜리 백반 대신 2만 원 짜리 회정식을 사 먹었다.

에필로그

인간에게 있어 욕심은 양면의 칼과 같다. 그래서 과하면 화를 부르지만, 잘만 쓰면 삶의 원동력이 되기도 한다.

안타깝게도 내 경우에는 언제나 화를 부르는 편이었다.

2018년 1월. 2017년 한 해 동안 너무 달린 것 같아 당분간 주식투자를 쉬어야겠다는 생각에 한 1년 정도 묵혀둘 종목들을 찾다가 또 'A'라는 종목에 꽂혀 버렸다. 고점을 찍고 급락한 후 횡보하는 A를 보고 있자니, 왠지 지금 들어가지 않으면 평생 후회할 것만 같았다. 그래서 또, A에 몰빵하고 말았다. 그래도 이번에는 약간의 내적 갈등은 있었다.

나는 전생에 나라를 팔아먹은 매국노가 분명했다. 계속 횡보만 하던 A가 내가 몰빵한 직후부터 갑자기 하락세로 돌아선 것이다. 손실에 속상하기보다는 몰빵만 했다 하면 이런 '트루먼쇼' 같은 상황이 반복되는 것이 어이가 없어 오히려 웃음이 났다.

2017년의 투자 성공으로 투자금이 크게 늘면서 엄마 돈과 내 돈을 다른 계좌로 미리 분리해둔 덕분에 A에는 내 돈만 몰빵 됐다는 것이 그나마 다행이라면 다행이었다.

'후…' 역시 주식투자는 쉽지 않았다.

아무래도, 다시 한 번 워렌 버핏 책을 읽어야 할 것 같다.

PART 2 ▲

나의 주식투자 방법

나의 주식투자 방법

주식을 분석하는 방법은 크게 차트를 이용한 기술적 분석과 재무제표 등을 이용한 기본적 분석으로 나눌 수 있다.

개인적으로 기술적 분석에 대해서는 부정적인 입장을 갖고 있는데, 이유는 차트만 보고 주식투자를 하는 행위 자체가 하늘에 있는 별자리를 보고 미래를 예측하는 것과 별반 다르지 않다고 보기 때문이다. 그렇다고 차트가 아예 필요 없다는 말은 아니다. 주가의 흐름이나 저점과 고점 등을 한 눈에 파악하는 데 확실히 차트 만한 게 없긴 하다.

시중에는 이미 가치투자 방법이나 차트 분석법과 같은 기본적 분석, 기술적 분석에 대해 잘 설명되어 있는 책들이 즐비해 있다. 그래서 주식투자에 대해 정식으로 공부를 하고 싶다면 그 책들을 사서 공부 하시기를 권해 드린다. 좋은 책들 정말 많다.

나는 그런 교과서적인 내용들은 과감히 생략하고 그동안 내가 실전에서 느끼고 터득했던 방법들을 심플하게 한 번 적어 보려 한다.

그러나 운동 방법도 사람마다 다 다르듯이, 투자 방법도 모든 사람에게 다 똑같이 적용될 수는 없으니, 그냥 참고 정도 한다는 생각으로 보면서 각자가 실전 투자를 통해 자신의 스타일에 맞는 투자 방법을 정립해 나가면 좋을 것 같다.

참고로, 내 투자 방법은 스캘핑, 데이트레이딩 같은 단기 투자에는 맞지가 않는다.

재무제표

1. 대차대조표, 손익계산서

　주식투자에서 가장 중요한 것은 돈을 잃지 않는 거다. 그리고 돈을 잃지 않기 위해서는 망할 것 같은 회사는 애초에 걸러내야 하기 때문에 재무제표를 어느정도는 볼 줄 알아야 한다.

　그렇다고 회계사마냥 디테일하게 다 알 필요까지는 없고 그냥 '네이버 증권'의 '기업분석'에 있는 요약 재무정보_{매출액, 영업이익, 순이익, ROE, 유동비율, 부채비율, 당좌비율, 유보율, PER, PBR, 배당률} 정도만 볼 줄 알아도 이게 좋은 회사인지 나쁜 회사인지 정도는 파악할 수 있다. 그래서 네이버 증권을 토대로 한 번 적어 보겠다.

1) 매출액, 영업이익, 당기순이익 등

인터넷에서 정말 쉽게 설명되어 있는 것을 발견 했는데, 이보다 더 쉽게 설명할 수는 없을 것 같아 그대로 인용해 보겠다.

주식회사 '00치킨' 가게는 이번 달에 치킨 100마리를 한 마리당 1만원 씩에 팔아서 총100만 원을 벌었다. 참고로, 닭 한 마리당 원가는 3,000원이다.

매출액: 100만 원

- 매출원가: 30만 원 (3,000원 X 100)
- 매출총이익: 70만 원

여기에서 알바생 월급 20만 원과 공과금_{전기, 수도, 가스} 10만 원이 나갔다.

매출액: 100만 원

- 매출원가: 30만 원 (3,000원 X 100)
- 매출총이익: 70만 원
  - 판매관리비: 30만 원
  - 영업이익: 40만 원

그리고, 옆집 피자가게에 가스렌지를 빌려주고 5만 원을 받았다.

매출액: 100만 원

- 매출원가: 30만 원 (3,000원 X 100)
- 매출총이익: 70만 원
  - 판매관리비: 30만 원
  - 영업이익: 40만 원
    ▷영업 외 수익: 5만 원
    ▷영업 외 비용: 0 원
    ▷<u>경상수익: 45만 원</u>

하루는, 동네 꼬마가 공놀이를 하다 가게 유리창을 깨서 3만 원의 비용이 나왔다.

매출액: 100만 원

- 매출원가: 30만 원 (3,000원 X 100)
- 매출총이익: 70만 원
  - 판매관리비: 30만 원
  - 영업이익: 40만 원
    ▷영업 외 수익: 5만 원
    ▷영업 외 비용: 0 원
    ▷경상수익: 45만 원
      ◇특별이익: 0 원
      ◇특별손실: 3만 원
      ◇<u>법인세 차감 전 순이익: 42만 원</u>

마지막으로, 5만 원의 세금을 냈다.

매출액: 100만 원

- 매출원가: 30만 원 (3,000원 × 100)
- 매출총이익: 70만 원
  - 판매관리비: 30만 원
  - 영업이익: 40만 원
    ▷영업 외 수익: 5만 원
    ▷영업 외 비용: 0 원
    ▷경상수익: 45만 원
    ◇특별이익: 0 원
    ◇특별손실: 3만 원
    ◇법인세 차감 전 순이익: 42만 원
    − 법인세비용: 5만 원
    − 당기순이익: 37만 원

2) ROE

자기자본이익률이라고도 한다. 경영자가 기업에 투자된 자본금으로 어느 정도의 이익을 올리고 있는지를 나타내는 비율로, (당기순이익 / 자기자본금)×100(%)이다.

총자산에서 대출 받은 금액을 제외한 순수한 내 자본금으로 1년에 얼마나 효율적으로 당기순이익을 내고 있는지를 알 수 있으며 보통 ROE가 10% 이상이면 이상적이다.

3) 유동비율

기업의 단기 채무지급능력을 알아보는 비율로 (유동자산 / 유동부채)×100(%) 이다. 유동비율은 1년 이내에 현금화 할 수 있는 자산으로 1년 이내에 갚아야 할 부채를 갚을 수 있는지를 측정하며 보통 유동비율이 200% 이상이면 이상적이다.

4) 부채비율

타인자본의 의존도를 나타내는 비율로 (부채총액 / 자기자본)×100(%) 이다. 기업의 재무 안정성을 판단하는 데 쓰이며, 보통 부채비율이 100% 이하면 이상적이다.

단, 수주업이나 금융업 등에서는 산업 특성 상 타 산업들에 비해 부채비율이 유독 높기 때문에 구분해서 볼 필요가 있다.

5) 당좌비율

유동부채 대비 당좌자산의 비중을 나타내는 비율로 (당좌자산 / 유동부채)×100(%) 이다. 당좌비율은 유동자산 중에서 현금화가 어려운 자산을 제외한 현금 및 현금성 자산, 단기금융자산 및 매출채권 등 현금화하기 쉬운 유동자산만을 고려한 수치여서 유동비율보다 더 보수적이며 보통 당좌비율이 100%

이상이면 이상적이다.

6) 유보율

기업이 벌어들인 이익금을 사내에 얼마나 많이 쌓아두고 있는지를 나타내는 비율로 (이익잉여금 + 자본잉여금) / 납입자본금×100(%) 이다. 보통 유보율이 200% 이상이면 이상적으로 많으면 많을수록 좋기는 하나, 재투자나 배당 없이 무작정 쌓아두기만 하면 '양아치'라고도 볼 수 있으니 유의해야 한다.

7) PER

1주당순이익 비율로, 주가 / 주당순이익EPS이며, 주당순이익은 순이익 / 상장주식수 이다. PER은 벌어들이는 수익에 비해 주가가 얼마나 높고 낮은지를 판단해 볼 수 있는 지표로, 만약 현재 주당순이익이 1,000원 인데 현재 주가가 1만 원 이라면 PER은 10이다.

보통 PER이 10이상이면 고평가, 10이하이면 저평가라고 하지만, PER의 높고 낮음은 업종별로 차이가 크기 때문에 해당 업종의 평균 PER과 비교해서 볼 필요가 있다.

8) PBR

1주당순자산 비율로, 주가 / 주당순자산^{BPS}이며, 주당순자산은 순자산 / 상장주식수 이다. PBR은 순자산에 비해 주가가 얼마나 높고 낮은지를 판단해 볼 수 있는 지표로, 만약 현재 주당순자산이 1만 원 인데 현재 주가가 1만 원이라면 PBR은 1이다.

보통 PBR이 1 이상이면 고평가, 1 이하면 저평가라고 하지만, PBR의 높고 낮음 역시 업종별로 차이가 크기 때문에 해당 업종의 평균 PBR과 비교해서 볼 필요가 있다.

9) 배당금

보통 배당금이라 하면 주식 1주당 배당금으로, 총배당금 / 발행주식수 이다.

10) 시가배당률

현재 주가에 대한 1주당 배당금의 비율로, 주당 배당금 / 배당기준일의 주가×100(%) 이다.

예를 들어, 현재 주가가 1만 원이고 주당배당금이 500원이라면 시가배당률은 5%가 되는 거다. 보통 시중 금리 대비 시가배당률이 높으면 이상적이다.

11) 배당성향

배당성향은 총 배당금이 당기순이익에서 차지하는 비율로, 총현금 배당금 / 당기순이익 X 100(%) 이다.

예를 들어, 당기순이익이 100억 원인데 현금 배당 20억 원을 실시 한다면 배당성향은 20%가 되는 거다.

2. 현금흐름표

나도 처음에는 그다지 중요하게 생각하지 않다가, 전에 '우영'이라는 종목이 난데없이 '흑자도산' 한 것을 본 뒤로는 꼭 챙겨보게 된 것이 이 현금흐름표다.

흑자도산은 말 그대로 기업이 이익을 내고도 부도가 나는 상황으로, 이게 말이 안 되는 것 같지만 현금흐름표를 잘 뜯어보면 말이 된다. 대차대조표 상으로는 이익이지만 현금흐름표 상 영업 현금흐름이 마이너스일 때가 이러한 경우다.

사람으로 치면, 겉으로는 건강해 보이지만 정작 안에서는 피가 제대로 돌지 않는 상황이다.

1) 영업활동으로 인한 현금흐름 (영업현금흐름)

영업현금흐름은 구매, 생산, 판매로 이어지는 기업의 본원적 수익 활동에서 창출된 현금흐름을 말하며, 이자 수익과 배당금 수익도 여기에 포함 된다. 일반적으로 (+)이면 좋다.

영업현금흐름이 (−)일 때는 원재료가 상승하거나 판매비 및 관리비의 상승, 또는 기술 우위에 있지 못한 기업이 타 기업들과의 과당경쟁으로 노마진, 역마진의 매출을 감행하는 등의 출혈 경쟁을 하는 탓에 적자가 나는 경우이다.

은행 입장에서는 영업현금흐름이 2개년 이상 (−)일 경우 대출 상환 능력이 떨어진다고 보고 대출을 꺼리게 된다.

2) 투자활동으로 인한 현금흐름 (투자현금흐름)

투자현금흐름은 여유자금 운용 활동현황을 보여준다.

기계나 시설 투자, 또는 유가증권에 투자 시 투자현금흐름은 (−)가 되며, 반대로 설비 자산을 매각하거나 유가증권 처분 시 돈이 들어 들어와 투자현금흐름은 (+)가 된다.

보통 투자현금흐름이 (−)이면 좋긴 하지만, 영업현금흐름이 (−)이면서 투자현금흐름도 (−)라면 추후에 자금 압박을 받게 될 확률이 높기에 보다 주의해야 한다.

3) 재무활동으로 인한 현금흐름 (재무현금흐름)

재무현금흐름은 회사의 자금조달 및 운용상황을 보여준다.

재무현금흐름이 (+)라면 차입이나 증자 등을 통해 자금 조달을 한 경우이며, (−)라면 배당을 했거나 차입금을 상환한 경우로 볼 수 있다.

그러나, 이러한 재무현금흐름의 부호만으로 회사의 재무 조달 상황을 정확히 판단하기는 쉽지 않으므로 다른 단서들을 통해 더 꼼꼼한 확인해야 한다.

다시 정리하면,

• 영업현금흐름 (+) : 영업 활동, 이자, 배당금 수익 등에 따른 현금 유입.

• 영업현금흐름 (−) : 원재료 매입, 판매비 및 관리비 지급 등에 따른 현금 유출.

• 투자현금흐름 (−) : 시설 및 건물 매입, 또는 유가증권 및 투자상품 취득.

• 투자현금흐름 (+) : 시설 및 건물 매각, 또는 유가증권 및
　　　　　　　　　투자상품 처분.

• 재무현금흐름 (−) : 사채 및 차입금 상환. 배당금 지급.
• 재무현금흐름 (+) : 사채 및 차입금 차입.

참고로 대부분 우량 기업의 현금흐름을 보면,

• 영업현금흐름(+)
• 투자현금흐름(−)
• 재무현금흐름(−)

인 경우가 많다.

📈 종목

1. 상승 카테고리

세상에는 다양한 사람들이 다양한 취향을 갖고 있는 것처럼 주식 종목도 각자에게 맞는 취향이 있다. 삼성전자 같은 우량주만 사는 사람이 있는 반면에 단기간에 급등을 바라며 테마주, 심지어는 상장폐지 전 정리 매매 종목만 사는 사람도 있을 정도로 취향은 정말 가지 각색이다.

그동안 주식투자에서 숱한 실패를 겪긴 했지만 '서당개' 마냥 지난 10년 넘게 매일 같이 주식판을 기웃거린 덕분에 깨달은 것도 많다. 그 깨달음 중에 가장 핵심은, 아무리 차트니 재무니 떠들어도 주가가 상승하는 종목의 카테고리는 따로 있다는 거다.

1) 고성장

고성장하는 기업들은 주로 IT나 게임 업종 등에 많이 포진되어 있으며, 매년 매출액과 이익이 크게 늘고, 또 흔히 가치투자 판단의 기준이 되는 PBR^{주당순자산}, PER^{주당순이익}이 높은 특징을 보인다.

네이버는 국내 1위 인터넷 포털 '네이버'와 글로벌 모바일 메신저 '라인'을 운영하고 있는 우리나라를 대표하는 IT 기업으로, 그동안 평균 PBR은 3이상으로, PER은 30이상으로, 언제나 '고평가'된 회사였다.

2013년 네이버의 실적을 보면 매출액은 2조 3,000억 원에 영업이익은 5,000억 원으로, PBR, PER을 투자의 근거로 삼는 '전통 가치투자자'들 입장에서는 절대 매수 고려 대상일 수가 없다. 하지만, 그러한 고평가에도 불구하고 네이버 주가는 2013년 30만 원 대에서 2017년에는 90만 원 대로 3배나 치 솟았다.

2017년 매출액은 4조 6,000억 원에 영업이익은 1조 2,000억 원으로, 여전히 전년도 대비 급성장을 했음에도 주가 또한 그만큼 올라 PBR과 PER 은 여전히 높게 형성되어 있다. 아마 지금과 같은 성장이 멈추지 않는 한 네이버는 앞으로도 쭉 고평가 되어 있을 것 같다.

조심해야 할 것은, 이렇게 고성장 기업은 성장세가 꺾이는 순간 주가가 급락 할 위험이 있다는 거다. 그래서 예상 매출액과 이익 등을 꾸준히 체크하는 습관을 갖는 것이 좋다.

2) 미래 성장

사실상 '테마주'라고 할 수 있는 미래 성장 기업에는 바이오, 인공지능, 자율주행 자동차 등의 요즘 흔히 말하는 '4차 산업' 관련 업종들이 많이 포진되어 있다.

2017년 최고의 '테마주'를 꼽자면 단연 '바이오'주로, 그 중에서도 딱 한 종목을 꼽자면 신라젠이다.

암 치료제를 개발하고 있는 신라젠은 2017년 2월까지만 해도 1만 원 밑에서 놀던 주가가 갑자기 급등하기 시작하여, 11월에는 15배가 급등한 15만 원까지 오르면서 시가 총액이 무려 7조원에 육박하게 됐다.

어마어마한 시가총액에 비해 신라젠의 2018년 예상 매출액은 고작 50억에 불과하고, 지금까지 그랬던 것처럼 앞으로도 당분간은 쭉 적자를 낼 것으로 보인다.

그래서 차트나 재무 분석 등의 기존 방식대로 미래 성장 기업의 종목을 분석한다는 건 그야 말로 부질없는 짓이다. 미래 성장 기업에 대한 가치 판단은 오직 '성장 가능성'일 뿐, 현재의 이런 실적 따위는 전혀 고려 대상이 아니기 때문이다.

3) 정부 육성

정부가 대놓고 육성하겠다는 산업에 속한 기업들의 주가는 하루 아침에 천정부지로 치솟는 경우가 다반사다. 이 또한 '테마주' 성격을 띄기 때문이다.

지난 이명박 정부 때의 가장 큰 화두는 '녹색 성장'으로, 그 중에서도 자전거 산업 육성은 4대강 사업과 함께 이명박 정부를 대표하는 정책이었다.

당시 정부에서 자전거 산업 육성을 발표한 이후로 서울시를 비롯한 각 지자체들은 전국에 자전거 도로를 까는데 혈안이 되었고, 덕분에 전국적으로 자전거 타기 열풍이 불면서 2008년 말에 2,000원대에 머물던 국내 1위의 자전거 제조업체인 삼천리 자전거 주가는 2009년 5월에는 무려 3만 원 대로 치 솟았다.

4) 저평가, 소외

가치투자의 대가로 알려진 피터 린치의 '월가의 영웅'이라는 책에서 보면, 피터 린치가 선호하는 기업들의 특징이 잘 정리되어 있다.

(1) 사명이 따분하게 또는 우스꽝스럽게 들린다.
(2) 따분한 사업을 한다.
(3) 무언가 혐오감을 불러 일으키는 사업을 한다.
(4) 기관들이 보유하고 있지 않으며 증권 분석가들도 리포트를 쓴 적이 없다.
(5) 무언가 침울하게 만드는 면이 있다.
(6) 성장이 전혀 없는 업종·산업이다.
(7) 남들이 거들떠 보지 않는 틈새에 있다.
(8) 사람들이 꾸준히 사는 제품을 만든다.

피터 린치와 같은 가치투자자들은 흙 속에서 진주를 캐듯, 아무도 주목하지 않는 저평가 된 우량주를 미리 발굴하여 주가가 오를 때를 기다리는 투자를 선호한다. 마치 거미가 거미줄을 치고 먹이가 걸려 들기를 바라는 것과도 같은데, 그렇게 기다리다보면 언젠가 한 번은 기회가 오기 마련이고, 그때의 주가 상승률은 타의 추종을 불허할 정도다.

가치투자의 상징적인 인물이라고 할 수 있는 워렌 버핏은 2000년대 초, 세계적으로 닷컴 열풍이 불 때에도 '모르는 기업에는 투자하지 않는다'는 원칙을 고수하여 비교적 따분하고 단순한 기업에 투자를 했는데, 그러한 워렌 버핏이 한국의 '따분한 기업'에 투자를 했던 일화가 있다.

워렌 버핏은 지난 2004년에 '곰표' 밀가루로 알려진 대한제분에 투자를 했었다. 당시에 대한제분은 주당 순자산 20만 원에, 주당 순이익이 2만 원 임에도 주가는 고작 4만 원 대로, PBR 0.2에 PER이 고작 2에 불과한, 그야말로 초저평가 종목이었다. 그러나, 거래량이 없어도 너무나 없던 초소외주이기도 해서 대부분의 사람들은 대한제분을 거들떠 보지도 않았다.

그로부터 3년 뒤인 2007년, 전세계적인 증시 대호황에 힘입어 대한제분 주가가 무려 20만 원대로 치솟으며 워렌 버핏은 5배의 수익을 냈다.

워렌 버핏은 대한제분 외에도 우리나라 대표 철강 기업인 POSCO에 같은 방식으로 투자해 큰 수익을 보기도 했다.

5) 경제적 해자

우리나라에서는 업종을 불문하고 일단 '삼성' '현대' '롯데'에서 한다고 하면 소비자들은 일단 신뢰를 하게 된다. 사실, 우리나라 뿐만 아니라 전세계 모든 나라가 비슷하다. 이렇듯 기업에게 있어 '브랜드'라는 무형의 가치가 주는 영향력은 정말로 어마어마해서 다른 기업이 감히 넘보지 못하는 일종의 '경제적 해자'를 갖게 해주며, 이 경제적 해자가 구축된 기업은 그렇지 않은 기업에 비해 꾸준히, 그리고 더 큰 성장을 하게 된다.

1980년 대 말, 그 유명한 '블랙 먼데이'로 인해 미국 증시가 대폭락할 때 워렌 버핏은 코카콜라의 주식을 사들이기 시작했다. 당시에 코카콜라의 PER은 15정도로, 블랙 먼데이 이전에 비하면 주가가 많이 떨어지긴 했지만, 그렇다고 절대적으로 '싸다' 할 정도는 아니었다.

그러나 코카콜라의 시장 지배력과 브랜드 파워로 인해 앞으로도 지금처럼 꾸준히 성장 할 거라는 판단을 했던 워렌 버핏은 당시에 1조 원이 넘는 금액을 들여 코카콜라의 주식을 대량 매입했고, 그로부터 20년이 지나 코카콜라 주가는 10배 이상 오르며 워렌 버핏을 지금과 같은 세계적인 갑부로 만들었다.

워렌 버핏이 회장으로 있는 버크셔 해서웨이가 주로 투자하고 있는 기업들을 보면, 코카콜라를 비롯해 맥도날드, P&G, 크래프트하인즈, 애플 등 유독 업계 1위 기업들이 많은 이유도 다 이러한 경제적 해자를 갖고 있기 때문이다.

일각에서 '갓뚜기'라고 불리우는 오뚜기는 노란색 커버의 '오뚜기 3분 요리' 하면 모르는 사람이 없을 정도로 많은 사람들에게 친숙한 식품 기업이다.

2013년 매출액 1조 7,000억 원에 영업이익은 1,000억 원으로, 20만 원 대에 불과했던 오뚜기 주가는 그 뒤로 갑자기 급등을 하며, 그로부터 3년 뒤인 2016년에 매출액과 영업이익에 큰 변동이 없음에도 주가는 무려 140만 원 까지 7배나 치솟았다.

오뚜기 외에도 초코파이로 유명한 오리온이나 설화수, 헤라 등 우리나라 1등 화장품 회사인 아모레퍼시픽 또한 비슷한 기간에 주가가 배 이상 급등 했었다.

6) 턴 어라운드

주식시장에서 실적은 주가의 상승을 이끄는 가장 강력한 모멘텀이라는 것이 정설이다. 아무리 회사의 사업성이 별로고 경영진이 부도덕하다 한들, 어쨌든 실적만 좋으면 주가는 대게 상승을 한다.

'씨클리컬' 업종이라 불리우는 경기 순환주는 해당 산업의 상승과 하락 사이클에 따라 실적이 엄청 좋다가도 갑자기 적자가 나면서 그에 맞춰 주가도 오르고 내리는 편이다.

경기 순환주의 대표 업종으로는 조선과 반도체가 있다.

세계 선두 조선회사인 현대중공업은 2000년도 초반까지만 해도 매출액 10조 원에 영업이익은 1,000억 원, 주가는 3만 원에 불과했다. 하지만 조선업황 슈퍼 싸이클이 도래하면서 전 세계적으로 선박 발주량이 급증했고, 우리나라 조선 회사들이 전세계의 선박 수주를 사실상 싹쓸이 하며 호황의 절정이던 2007년의 현대중공업은 매출액 15조 원에 영업이익은 무려 2조 원 대로 급등하면서, 주가도 50만 원 대로 10배 이상 뛰며, 현대중공업은 한때 우리나라 코스피 시가총액 순위 4위를 기록하기도 했다.

지지부진하던 SK하이닉스 주가가 비상을 시작한 것은 2016년부터였다. 2016년만 해도 SK하이닉스는 매출액 17조 원에 영업이익은 3조 원으로 주가도 2만 원대에 불과했지만, 스마트폰에 탑재되는 2~4기가의 D램 메모리가 스마트폰 이용자들의 니즈에 맞춰 4~8기가로 용량이 증가하면서 수요도 급증을 했는데, 엄청난 수요에도 불구하고 공급이 딸려 메모리 가격이 폭등한 덕분에 2017년 SK하이닉스의 매출액은 30조 원에 영업이익은 무려 13조 원으로 급증하며 주가도 8만 원 대로 치솟았다.

7) 뛰어난 경영자

'나의 투자 방식은 그레이엄 85%, 피셔 15%의 영향을 받은 것이다.'

워렌 버핏이 했던 말이다. 워렌 버핏은 벤자민 그레이엄의 가치투자를 기본으로, 필립 피셔의 투자 방법을 받아 들여 지금과 같은 '워렌 버핏식 가치투자'를 완성 시켰다 전해지고 있다.

필립 피셔가 기업을 판단할 때 가장 중요하게 생각했던 것은 바로 '경영자의 덕목'이었다. 한 명의 지도자로 인해 나라의 운명이 바뀌듯이, 한 명의 경영자가 기업에 미치는 영향도 실로 어마 어마하기 때문이다.

이를 설명하는데 가장 좋은 예가 애플의 창업자인 '스티브 잡스'다.

애플은 1976년에 '스티브 잡스'와 '스티브 위즈니악'이 함께 차고에서 시작한 회사다. 한때 '매킨토시' 컴퓨터의 성공으로 잘 나가던 애플이었지만, 잡스의 독단적인 경영 스타일에 불만이 많던 이사회의 반발로, 잡스는 결국 1985년에 자신이 만든 회사에서 쫓겨나고 만다. 하지만 경영의 어려움을 겪던 애플은 1998년 다시 잡스를 CEO로 복귀 시켰고, 그 뒤로 아이북^{현재의 맥북}과 아이팟의 대성공으로 회사가 점차 안정화를 찾아가게 된다. 그리고 2007년 아이폰의 탄생으로 세계 IT 산업의 판도가 송두리째 바뀌면서 애플은 현재 세계 최대의 IT 기업으로 올라서게 됐다.

2. 인덱스 펀드, ETF

인덱스 펀드는 대상으로 하는 지수의 수익률을 쫓아, 수익을 얻게끔 설계된 상품이다. 지수가 오르거나 내리면 똑같이 인덱스펀드의 수익률도 오르고 내린다. 우리나라에서는 일반적으로 코스피 200지수나 코스닥 150지수를 대상으로 한다.

2008년에 워렌 버핏은 프로티지 파트너스라는 투자 회사와 10년 후에 인덱스 펀드^{패시브 펀드}와 액티브 펀드 중에 누가 더 수익률이 높을 거냐를 두고 100만 달러 내기를 했다. 워렌 버핏은 S&P 인덱스 펀드에, 프로티지 파트너스는 직접 고른 헤지 펀드 5개에 투자를 했고, 기한은 2017년 12월 31일까지였다.

그 뒤로 10년의 시간이 흘렀고, 프로티지 파트너스가 골랐던 액티브 펀드의 수익률은 연간 평균 2.2%, 워렌 버핏이 골랐던 인덱스 펀드의 연간 평균 수익률은 7.1%로 내기는 워렌 버핏의 압승으로 싱겁게 끝이 났다.

워렌 버핏이 압승하게 된 연유를 살펴보면, 물론 지난 10년간 S&P 지수가 크게 올랐다는 것이 주요했지만, 액티브 펀드는 펀드매니저가 기업을 분석하고 주식을 계속 사고 팔아야 하는 탓에 매매 수수료도 많이 나가 운용 수수료가 비쌌던 반면에, 인덱스 펀드는 별다른 포지션 변화없이 그저 지수를 추종할 뿐이라 운용 수수료가 저렴했던 것도 분명 이점으로 작용했다.

인덱스 펀드는 무엇보다 그저 지수가 오르고 내리는 데만 신경을 쓰면 되니, 어떻게든 수익를 더 내기 위해 열심히 이 종목, 저 종목을 사고 팔아야 하는 액티브 펀드에 비해 투자하는 것 자체부터가 너무 편하다. 워렌 버핏이 정보 습득에 취약한 개인 투자자가 가장 합리적으로 투자 할 수 있는 방법은 저비용 인덱스 펀드에 꾸준히 투자하는 것이라 말한 것도 이러한 이유 때문이다.

만약, 인덱스 펀드의 수수료 조차 부담이 된다면 ETF에 투자하면 된다.

ETF는 거래소에 상장된 인덱스 펀드로, 펀드를 주식처럼 쉽게 사고 팔 수 있게끔 주식시장에 상장된 거라고 이해하면 된다.

ETF에는 코스피, 코스닥 지수부터 해서 삼성그룹, SK그룹, 중국 관련주, 유럽 관련주, 건설주, 금융주, 금, 유가, 철, 구리, 콩, 밀가루 등, 우리가 상상 할 수 있는 온갖 종류의 ETF가 다 있다. 만약, 앞으로 코스닥이 좀 오를 것 같은데 어떤 종목을 사야할 지 도저히 모르겠다면 그냥 마음 편히 '코스닥 ETF'를 사면 되는 거다

반대로, 코스닥 지수가 떨어질 것 같으면 지수 하락 시 주가가 상승 하게끔 설계 된 '코스닥 인버스 ETF'를 사면 된다. 이렇듯, 우리나라 제도상으로는 개인이 상장 주식을 공매도 할 순 없지만, 인버스 ETF를 이용하면 사실상 공매도 효과를 낼 수 있다.

무엇보다 ETF의 가장 큰 장점은 일반 종목들과는 달리 상장 폐지나 유상증자, 분식 회계, 횡령 등을 전혀 걱정할 필요가 없다는데 있다.

목표가

가치투자에서는 대게 성장 가치, 수익 가치, 자산 가치를 기반으로 목표가를 설정한다.

1. 성장 가치 − PSR (주가 / 주당 매출액) 기준.

2. 수익 가치 − PER (주가 / 주당 순이익) 기준.

3. 자산 가치 − PBR (주가 / 주당 순자산) 기준.

자산 가치를 예로 들면, 현재 주가 5,000원, 주당 순자산 1만 원이면 PBR은 0.5인 상황으로, 앞으로 주가가 최소 주당 순자산 만큼은 오를 거라 기대 한다면 PBR 1을 적용해 목표가를 1만 원으로 잡는 식이다.

문제는, 이게 이론상으로는 그럴 듯 해 보이기는 한데, 막상 대입해 보면 대외적인 변수가 작용해서인지 내 경험상으로는 설정해둔 목표가까지 주가가 떡하니 올라간 경우는 극히 드물었다.

그래도 투자를 하려면 어쨌든 목표가는 설정해야 하니, 나는 업종이나 기업에 따라 조금씩 다르지만 대체로 다음과 같은 기준으로 목표가를 설정하고 있다.

1. 매년 매출과 이익이 꾸준히 늘어나는 기업의

2. 주가가 차트상 전 저점 부근까지 하락 시

3. PSR 1 또는 PER 20을 대입.

〈예시〉

1) PSR 1

연 매출이 4,000억 원인 기업의 주가가 하락을 거듭하다가 차트상 전 저점 부근인 1만 원시가총액 2,000억 원까지 떨어졌다면, 현재 PSR은 0.52,000억 원 / 4,000억 원가 된다. 이때 PSR 1을 적용해 목표가를 구하면, PSR이 0.5에서 1로 2배 커졌으니 목표가는 현재 주가 1만 원의 2배인 2만 원이 되는 거다.

2) PER 20

연 당기순이익이 200억 원인 기업의 주가가 하락을 거듭하다가 차트상 전 저점 부근인 1만 원_{시가총액 2,000억 원}까지 떨어졌다면, 현재 PER은 10_{2,000억 원 / 200억 원}이 된다. 이때 PER 20을 적용해 목표가를 구하면, PER이 10에서 20으로 2배 커졌으니 목표가는 현재 주가 1만 원의 2배인 2만 원이 되는 거다.

중요한 것은 목표가에 도달했다고 해서 무조건 파는 게 아니라, 주가가 꺾이지 않는 한 계속 들고 가야한다는 거다. 그래서 최소 목표가다.

단, 이 방식은 네이버와 같은 고성장 기업이나 바이오주 같은 미래 성장 기업에는 맞지가 않는다.

잃지 않는 투자

1. 안전 마진

나도 한 때는 남 부럽지 않은 차트 신봉자였다. 그때는 주식 투자를 하는 사람들은 무조건 차트만 보는 줄 알았다. 그도 그럴 것이, 차트 공부를 해본 분 들은 알겠지만 지난 주가의 흐름과 차트만 놓고 보면 너무나도 그럴싸 해 보인다.

그러나 회사의 재무상태를 무시한 채 그저 차트가 주는 신호만 믿고 매수했다가 VK라는 종목으로 깡통을 찬 뒤로는 차트를 불신하게 됐다. 그리고 그 뒤로 가치투자가 답이구나 싶어 가치투자한답시고 폼도 잡아 봤지만, 결과적으로 또 큰 손실을 보면서 가치투자 또한 절대적인 투자법이 아니라는 걸 깨닫게 됐다.

'주가와 개구리가 어디로 튈 지는 신도 모른다'는 주식 격언

처럼 '어떤 업종의, 어떤 종목의 주가가, 언제 올라갈지를 정확히 예측한다는 건 절대 불가능하다'는 것이 10년 넘게 주식 투자를 하면서 내가 내린 결론이다. 그래서 맞추지도 못할 주가 예측한다고 엄한 힘 쓸 바에, 차라리 최소한의 안전 마진을 갖춘 망하지 않을 회사의 주식을 사서 주가가 제발 오르길 기도하는 게 훨씬 낫다.

참고로, 나의 안전 마진 기준에는 많은 가치투자 책에서 언급하는 'PBR 1 이하'가 없다. 이유는 그동안 PBR 1 이하 기업들이 상장 폐지 되는 걸 숱하게 목격했기 때문이다.

1) 시가총액 1,000억 원 이상

아무리 좋은 종목이라 해도 시가총액은 최소 1,000억 원 이상 되어야 한다. 절대적이라고 할 수는 없지만, 경험상 시가총액 1,000억 원 이하의 기업들에서 분식 회계나 횡령, 유상 증자와 같은 초대형 악재가 유독 많이 발생했다.

2) 부채비율 150% 이하

상장 폐지의 아픔이 있어서인지 난 부채비율이 낮은 회사들이 좋다. 부채비율이 100% 이하면 더 좋겠지만, 고성장 기업

의 특성 상 버는 족족 대규모 투자를 하는 경우가 많아서 부채
비율이 더러 높은 편이라 너무 타이트하게 잡으면 살 종목이
남아나질 않기 때문에 러프하게 150% 정도 까지는 잡아주는
편이다.

단, 조선업이나 건설업, 금융업처럼 사업 특성상 부채비율
이 높은 업종은 예외다.

3) 유보율 200% 이상

유보율이 높으면 그만큼 회사에 쌓아둔 돈이 많다는 얘기
다. 유보율은 최소 200% 이상 되면 좋은데, 그렇다고 유보율
이 1,000% 이상 되면서 딱히 투자도 안하고 배당도 안하고 있
다면, 성장에 별 관심이 없고 친 주주 성향도 아니라는 방증일
수 있으니 투자에 유의해야 한다. PBR, PER 상 저평가이면서
거래량 없는 소외주들이 대게 이런 경우가 많다.

4) 상장된 지 2년 이상

주식 상장을 앞두고 있는 기업들은 어떻게든 상장 조건에
맞추기 위해 손실을 최대한 미루고 회사 내 불법적인 것들도
최대한 감추는 등 갖은 노력을 다한다. 상장 전까지만 해도 그

렇게 훌륭했던 회사가 상장 이후로는 양아치 회사가 되는 이유가 다 이 때문이다. 또, 상장 하고 1년이 지나면 보호 예수로 묶여 있던 기존 투자자들의 주식 물량이 대량으로 풀리면서 오버행 주가가 급락하는 경우도 적지 않다.

그래서 대형 우량주가 아닌 이상, 상장 후 최소 2년은 기다렸다 매수에 들어가는 것이 좋다.

2. 분산 투자

주가는 기업의 실적이나 재무, 차트 외에도 정부 정책, 트렌드, 금리, 유가 등 너무나 많은 변수가 개입되어 결정된다. 하지만 단순히 보면 기관이나 외국인, 연기금 등과 같은 큰손들의 힘으로 오르고 내리는 게 맞는 것 같다. 그래서 큰손들이 언제 사고 팔지를 전혀 모르는 우리 개미들로서는 안전 마진이 있는 종목들을 위시로 하여 분산투자로 대응을 하는 수 밖에 없다.

그런데 이게 말이야 쉽지, 어지간한 절제력과 인내심이 있지 않고서는 분산투자를 행하는 게 결코 쉬운 일은 아니다. 하지만, 그럼에도 불구하고 우리 개미들은 무조건 분산 투자를 해야 한다. 우리의 목표는 최대한 많은 수익을 내는 것이 아닌,

최대한 잃지 않는 것이 되어야 하기 때문이다.

예를 들어, 만약 1억 원을 한 종목에 몰빵 했는데 재수없게 −50%의 손실이 나 5,000만 원을 잃게 되면 단기간에 원금 복구는 사실상 불가능하다. 그러나, 한 종목에 2,000만 원 씩 5종목에 나눠 투자를 했다면 설사 한 종목에서 −50%의 손실이 난다 해도 손실 금액은 1,000만 원으로, 전체 계좌로 치면 겨우 10%의 손실만 입게 되니 빠르면 수일 내에도 충분히 원금 복구가 가능하다.

그리고 분산투자를 하다보면 한 두 종목에서 큰 수익이 나는 경우가 더러 있다. 이유는 잘 모르겠지만 신기하게도 꼭 그렇게 된다.

그렇다고 무작정 종목을 20개나 들고 간다면 그냥 주식투자 때려치고 적금 드는 게 낫다. 어느 정도의 수익을 바라고 주식투자에 뛰어 들었다면 어느 정도의 리스크도 감내할 수 있어야 한다.

3. 포트폴리오

'집중투자'라는 책에 따르면, 5종목으로 포트폴리오는 꾸미는 것과 10종목 이상으로 포트폴리오를 꾸미는 것의 수익률표준편차 차이는 그리 크지 않아서 위험을 줄인다고 무작정 종목 수를 늘리는 것은 오히려 수익률만 저하 시킬 뿐, 위험 헷지 수단으로써는 큰 의미가 없다고 한다.

나는 지난 10년이 넘는 투자 기간과 최근 2017년 상승장, 그리고 2018년 또 한 번의 무식한 몰빵 경험을 토대로 장고 끝에 장의 성격에 따라 종목 당 비중을 최대 20%까지 두는 것으로 포트폴리오 운용 원칙을 정했다. 여기서 최대 20%라는 것은 최대치가 20% 라는 것이지, 꼭 20% 만큼 사야 한다는 건 아니다. 5%를 사든 10%를 사든 간에, 어쨌든 최대치인 20%만 안 넘으면 된다.

그리고 중요한 건 포트폴리오 종목 안에 코스피 또는 코스닥 인덱스 ETF는 꼭 포함 시켜야 한다는 건데, 그렇게 해야 혹시나 종목 선정에 실패한다 해도 인덱스 ETF를 매수 함으로써 시장 평균 지수를 조금이나마 따라 갈 수가 있기 때문이다.

또 일정 수준의 현금을 들고 가는 것, 사실 이게 가장 중요한 포인트다.

1) 상승장

지난 2007년, 그리고 최근 2017년과 같이 누가 봐도 상승장이다 싶으면 투자 비중을 높여 수익에 집중해야 한다.

종목 수는 4 종목인덱스 ETF 포함으로, 종목 당 최대 비중 20%, 그리고 현금 비중 20%다.

2) 횡보장

투자자들이 가장 싫어하는 장이다. 손실이 나면 났지, 이도 저도 아닌 지루한 횡보장만큼 사람 짜증나게 하는 것도 없다. 하루에도 급등과 급락이 빈번하는 비트코인과 같은 암호화폐 시장에 개인 투자자들이 몰리는 이유도 다 이와 일맥상통 한다.

횡보장에서는 상승장보다 종목 수를 늘리고 비중은 줄여주는 것이 좋다. 그래야 개 중에 급락하는 종목이 나온다 해도 나머지 종목에서 상승이 나오면서 헷지가 가능하기 때문이다.

종목 수는 6 종목인덱스 ETF 포함으로, 종목 당 최대 비중 10%, 그리고 현금 비중 40%다.

3) 하락장

우량주, 저평가된 가치주라 해도 하락장 앞에서는 진짜 장사 없다. 이건 워렌 버핏이 와도 안 된다. 제 아무리 뛰어난 서퍼라도 쓰나미 오면 그냥 저 세상 가는 거다.

증시가 어느 정도 고점을 찍고 계속 슬슬 하락한다 싶으면 절대 시장에 맞서지 말고 무조건 도망가는 게 상책이다. 소나기 쏟아지는데 굳이 맞을 필요는 없다.

'현금이 가장 좋은 투자다'라는 말처럼, 하락장에서는 주식을 전액 현금화 하거나 종목 수, 비중과는 상관없이 현금 비중을 최소 50% 이상은 들고 가도록 한다.

매수

주식투자에서 수익을 내느냐, 손실을 입느냐는 사실 매수할 때 이미 정해진다 해도 과언이 아닐 만큼 매수 타이밍은 정말 중요하다. 그래서 그만큼 어렵다. 누구나 주식을 최대한 싸게 사고 싶은 마음은 매 한가지이기 때문이다.

정말 운이 좋거나 시세를 형성하는 세력이 아닌 이상, 개인 투자자들이 주가 최저점에서 주식을 매수한다는 건 사실상 불가능하다. 그동안 나도 바닥에서 주식을 매수해 보려 별의 별 노력을 다 해 봤지만, 그럴 때마다 늘 바닥 밑에 있는 지하실 구경만 했었다.

바닥에서 매수하려다 지하실 구경하고, 본전 찾겠다며 비자발적인 장기투자자가 된 채로 몇 년의 시간을 허비하는 것, 그게 한 때 내 모습이자 개미 투자자 대부분의 모습이다.

1. 저점 대비 20% 이상 상승 시 매수

지금 풀 뜯어 먹고 있는 말이 다 먹고 나서 바로 달릴 거라고 생각하면 오산이다. 다 먹으면 오히려 배부르다고 바로 자빠져 잘 확률이 훨씬 높다.

이렇듯, 주가가 바닥을 기고 있는 종목을 싸다는 이유만으로 매수에 들어가면 절대 안된다. 차라리 수익을 덜 낼지언정, 바닥에서 일정 수준 이상 상승한 종목에 '불타기'를 하는 것이 투자 기간을 최소화하면서도 수익을 낼 확률이 훨씬 높다. 또, 그게 정신 건강에도 이롭다.

매수타이밍은 주가가 바닥에서 이미 20% 정도 올라 있을 때로, 대략 주봉 차트 상 5일 선이 20일 선 위로 뚫고 오를 때가 그 때이다.

20%가 절대적이라고 할 순 없지만, 그래도 바닥에서 20% 정도 올랐을 정도면 예상 실적이 좋아 큰 손들이 주식을 매입하고 있거나, 어쨌든 우리가 모르는 호재가 곧 나올 확률이 높다.

5%나 10% 정도의 상승으로는 부족하다. 그거 조금 올랐다고 발 잘못 들였다가는 지하실 구경 하는 수가 있다.

하루 이틀 사이에 갑자기 급등한 종목은 바로 조정을 받을 수도 있으니 조심하는 것이 좋다.

또, 이 불타기 투자의 장점중에 하나는 수익이 나는데 그리 오랜 시간이 걸리지 않는다는데 있다.

투자에서 시간은 금이다. 높은 수익률을 내는 것도 중요하지만 최소한의 기간 안에 수익을 내는 것도 못지않게 중요하다는 것을 잊으면 안 된다.

2. 기계적 분할 매수

주식투자에서 실패하는 사람들의 공통적인 습관 중에 하나가 살 때 꼭 '한 번에' 산다는 거다. 내가 항상 그랬다.

매수는 분할 매수가 진리다. 문제는, 이게 별 것 아닌 것 같아도 막상 해 보면 엄청 어렵다. 매수하는 입장에서는 오늘의 주가가 가장 싸 보이기 때문이다.

그래서 무조건 '기계적 분할 매수'를 하시라 추천 드린다. 말그대로 기계처럼 분할 매수를 하는 건데, 예를 들어, 주가가 상승을 했든 하락을 했든 상관없이, 매주 금요일이나 매월 1일 등, 미리 정해둔 날짜에 미리 정해둔 금액 만큼만 딱딱 매수를 하는 거다. 적립식 펀드와 같은 원리라고 보면 된다.

기계적 분할 매수는 특히 하락장에서 아주 유용하다. 주가가 떨어질수록 더 저렴한 가격으로 매수를 하게 되어 평균 단가가 점점 낮아지게 되면서, 향후 다시 주가가 반등 할 때 보다 높은 수익률을 낼 수가 있다. 지난 2008년 금융위기 때 적립식 펀드가 이를 증명한 바 있다.

보유

내가 산 종목을 매일 지켜보는 것 만큼 수명 깎아 먹는 짓도 없다. 그래서 최소 몇 달 이상 묵혀둘 생각으로 주식을 샀다면 주가에 일희일비 하지 않기 위해서라도 HTS, MTS는 웬만하면 실행하지 마시길 권장 드린다.

1. 주가 포착 기능

정신 건강을 위해 주식을 안 보고 있는 사이에 내가 샀던 종목이 갑자기 급등해서 주가가 단숨에 목표가를 넘어섰다가 다시 폭락하는 경우가 종종 있다. 그래서 이런 사태를 미연에 방지하기 위해 요즘 어지간한 MTS에서 다 제공하는 '주가 포착' 기능을 이용하여 주가가 목표가에 도달 시 바로 알람이 오게끔 미리 설정을 해 둬야 한다.

주가 포착 기능은 목표가 설정 뿐만 아니라, 반대로 손절매가를 설정할 때도 아주 유용하게 쓰인다.

2. 수량 늘리기

내가 산 종목이 한동안 계속 박스권 안에서만 오르 내리고 있다면 아주 소량으로 '수량 늘리기'에 도전해 보는 것도 나름 재미가 쏠쏠하다.

예를 들어, 최근 액면 분할 이후로 계속 4만4,000원~4만6,000원 대의 박스권 안에서만 오르 내리고 있는 삼성전자를 들고 있다면, 4만6,000원 대로 오르면 매도하고 4만4,000원 대로 다시 떨어질 때 매수하면 되는데 그렇게 해서 단 1주라도 수량을 늘리면 성공하는 거다.

물론, 박스권은 언제든지 깨질 수 있으니 항상 주의 또 주의 해야 한다.

매도

대부분의 주식투자자들은 어떤 종목을 언제 사야할 지만 관심이 있지 파는 거야 언제든지 내 마음 내킬 때 팔 수 있을 줄 안다. 그런데, 이 매도라는 게 정말 살을 도려내고 뼈를 깎을 정도의 고통이 수반되는 일이라 결코 쉽지가 않다.

개미들의 투자 패턴은 항상 똑같아서, 주가가 목표가에 도달하면 왠지 더 오를 것 같아 매도를 주저하는 사이에 갑자기 주가가 급락하고, 다시 오르겠지 하면 더 급락해서 수익률은 어느새 마이너스가 되고, 본전만 와도 무조건 매도하겠다 다짐하지만 막상 다시 본전까지 오르면 또 수익 생각에 매도를 주저하면서 주가는 다시 급락하고 그렇게 비자발적인 장기투자자가 되고… 아, 한 때 내 모습이 떠올라 너무 슬프다.

제 아무리 급등하는 종목을 골라내는 귀신 같은 재주가 있다고 한 들, 팔아서 현금화를 시키지 못하면 아무 의미가 없다. 이렇듯 주식은 팔아야 내 돈이라는 것을 항상 명심해야 한다.

1. 고점 대비 하락 시 매도

다음과 같이 목표 수익률에 따라 고점 대비 하락 기준을 달리 잡아 매도에 들어간다. 물론, 이 또한 절대적인 수치는 아니니 참고만 하시길 바란다.

(목표수익률)

1) 20% - 고점 대비 5% 하락 시.

2) 30% - 고점 대비 10% 하락 시.

3) 50% - 고점 대비 15% 하락 시.

4) 그 이상 - 고점 대비 20% 하락 시.

예를 들어 1만원에 매수한 종목의 주가가 1만3,000원으로 30% 올랐다면 다시 10%가 하락해 1만2,000원 밑으로 떨어졌을 때 매도에 들어가면 되는거다. 대략 주봉 차트상 5일 선이 20일 선 아래로 뚫고 내려갈 때가 그 때이다.

2. 기계적 분할 매도.

내가 팔고 나서 주가가 오를 때 만큼 사람 열 받게 하는 것도 없다. 진짜 손실 날 때 보다 더 열 받는다. 그래서 분할 매도 시에는 마음가짐이 중요한데, 내가 팔았던 가격에서 주가가 다시 오른다 해도, 앞으로 팔 수 있는 주식이 더 있으니 난 행복하다는 생각을 강제로 머리에 주입 시켜야 한다.

그래서 매도 할 때도 '기계적 분할 매도'가 진리다. 분할 매도 할 때도 분할 매수 할 때와 마찬가지로 무조건 정해둔 특정 요일이나 주, 월에 정해둔 만큼의 수량만 기계적으로 팔아야 한다.

3. 손절매

많은 가치투자 책에서 보면 주가 하락은 좋은 주식을 더 싸게 살 수 있는 좋은 기회라고 말한다. 그러나 내 생각은 좀 다르다.

한 번 하락으로 방향을 튼 주식의 바닥은 아무도 알 수가 없다. 그래서 제 아무리 가치투자, 장기투자라 해도 잃지 않는 투자를 하기 위해선 무조건 손절매가 필수다.

손절매는 단순히 손실을 확정하는 것이 아니다. 손절매를 함으로써 손실은 최소화하는 동시에 다른 종목의 수익은 최대화 시키며 전체 수익률의 극대화를 이루도록 해주는 것이다.

내가 생각하는 손절매 기준은 −10%다. 5%는 너무 적고, 15%까지 떨어지면 생각이 많아져서 안 된다. 무조건 10%다. 만약 분할 매수가 마무리 된 이후에 주가가 평균 단가 보다 10% 이상 하락 한다면 뒤도 돌아보지 말고 손절매를 해야 한다.

보통의 투자자들이 손절매를 실행하기 어려운 이유는 딱 하나, 한 종목당 투자 비중이 너무 높기 때문이다. 그래서 다시 말하지만 무조건 분산투자를 해야 한다.

주식 투자에서 실패하고 싶지 않다면 다른 건 다 제쳐두더라도 분산투자와 손절매, 이 두 가지 만큼은 명심, 또 명심하시길 바란다.